新能源汽车检测与维修专业技能人才培养工学一体化课程教材

新能源汽车检查与常规维护

刘 卯　广禹春/主　编
李亚锋　史正府　何　浪/副主编
　　　　　　　　郭志勇/主　审

人民交通出版社
北京

内 容 提 要

本书是新能源汽车检测与维修专业技能人才培养工学一体化课程教材之一。全书共 4 个学习任务、13 个学习活动，主要内容包括职业感知与安全防护、高压用电安全与急救、新车 PDI 交付检查、新能源汽车常规维护。

本书可作为技工院校新能源汽车检测与维修专业教材，也可供新能源汽车维修人员及相关技术人员参考使用。

本教材配套数字资源，读者可免费扫码观看和在线学习；本教材同时配有教学课件，教师可通过加入汽车技工研讨群（QQ：428147406）获取。

图书在版编目(CIP)数据

新能源汽车检查与常规维护/刘卯，广禹春主编. —北京：人民交通出版社股份有限公司，2024.9. —ISBN 978-7-114-19290-6（2025.2 重印）

Ⅰ.U469.707

中国国家版本馆 CIP 数据核字第 2024BM3449 号

书　　　名：	新能源汽车检查与常规维护
著 作 者：	刘　卯　广禹春
责任编辑：	郭　跃
责任校对：	赵媛媛　龙　雪
责任印制：	张　凯
出版发行：	人民交通出版社
地　　址：	(100011)北京市朝阳区安定门外外馆斜街 3 号
网　　址：	http://www.ccpcl.com.cn
销售电话：	(010)85285911
总 经 销：	人民交通出版社发行部
经　　销：	各地新华书店
印　　刷：	北京市密东印刷有限公司
开　　本：	787×1092　1/16
印　　张：	15
字　　数：	304 千
版　　次：	2024 年 9 月　第 1 版
印　　次：	2025 年 2 月　第 2 次印刷
书　　号：	ISBN 978-7-114-19290-6
定　　价：	46.00 元

(有印刷、装订质量问题的图书，由本社负责调换)

编审委员会名单

主任委员 文爱民
副主任委员 戴良鸿 沐俊杰 魏垂浩
委　　员 (按照姓氏笔画排序)

广禹春　王玉彪　王　杰　王　瑜　王　雷
毛红孙　朱建勇　刘　卯　刘　宇　刘轩帆
刘　健　刘爱志　刘海峰　汤　彬　许云珍
杨雪茹　李长灏　李永富　李学友　李　轶
肖应刚　吴　飞　张　薇　陈志强　陈李军
陈金伟　陈新权　孟　磊　郝庆民　姚秀驰
夏宝山　晏和坤　高窦平　郭志勇　郭　锐
郭碧宝　唐启贵　黄　华　黄辉镀　彭红梅
彭钰超　解国林　樊永强　樊海林

前言
Preface

  为进一步贯彻落实《关于深化技工院校改革 大力发展技工教育的意见》和《技工教育"十四五"规划》《推进技工院校工学一体化技能人才培养模式实施方案》等文件精神，对接汽车产业发展新趋势，满足新能源汽车领域高质量发展对高素质技术技能人才的需求，人民交通出版社特组织江苏汽车技师学院、广西交通技师学院、贵州交通技师学院、杭州技师学院、浙江交通技师学院、江苏省交通技师学院、广西工业技师学院、北京汽车技师学院、日照技师学院等20余所院校，共同编写了新能源汽车检测与维修专业技能人才培养工学一体化课程教材。

  工学一体化培养模式是依据国家职业技能标准及技能人才培养标准，以综合职业能力培养为目标，将工作过程和学习过程融为一体，培育德技并修、技艺精湛的技能劳动者和能工巧匠的人才培养方式。本套教材秉承上述理念，落实《技工院校教材管理工作实施细则》，遵循知识和技能并重的改革方向，根据技工教育的特点以及技工院校学生的学习情况进行编写，具有以下特点：

  (1) 教材编写依据最新发布的《新能源汽车检测与维修专业国家技能人才培养工学一体化课程标准》，贯彻以学生为中心、以能力为本位的教学理念，构建难度适当的理论知识体系，以学生的实操内容及职业素养培养为核心，围绕典型学习任务设计教材任务、活动，突出知识的实用性、综合性和先进性。教材按照四步法"明确任务、工作准备与计划制订、计划实施、评价反馈"编写而成，充分实现思想政治教育、知识传授、技能培养融合统一，持续推动技工院校内涵发展和特色发展。

  (2) 在教材中融入了丰富的课程思政元素及党的二十大精神内容，选取国产汽车品牌进行详解，培养学生的国产品牌意识，增强民族自信，体现"培根铸魂，启智润心"教育目标，实现思想政治教育与技术技能培养的有机结合。

  (3) 教材编写过程中充分吸纳行业、企业专家，深入了解目前行业、企业对本专业人才的实际需求，由相关企业提供部分配套的教学资源和技术支持，行业企业人员真正深度参与教材编写与开发。进一步提高技能人才培养质量，帮助学生从学校学习到就业工作紧密衔接。

  (4) 部分教材配备了丰富的教学资源（纸数融合），教材的知识点以二维码链接动画、视频资源，所有教材配有课件、习题及答案等，满足学生个性化学习的需求，提升教材使用体验感。

　　本书是新能源汽车检测与维修专业技能人才培养工学一体化课程教材之一,主要选取吉利几何、吉利 EV450 等车型,并结合市场其他主流品牌的新能源汽车,讲解新能源汽车检查与常规维护相关知识及工作内容、工作流程。设定的学习情景,主要来源于生产一线,核心知识点与工作实际紧密贴合,提炼了四个学习任务,十三个学习活动,学习任务包含:职业感知与安全防护、高压用电安全与急救、新车交付检查、新能源汽车常规维护等教学内容。

　　本书由贵州交通技师学院刘卯、广禹春担任主编,由贵州交通技师学院李亚锋、史正府、贵阳职业技术学院何浪担任副主编,参编人员有贵州交通技师学院于海、蔡焱、卢顺、董荣发、赵陈平、王鹏,贵阳职业技术学院唐陈贝、卢语柯,贵州装备制造职业学院田正洪。

　　限于编者水平,书中难免有疏漏之和错误之处,恳请广大读者提出宝贵建议,以便进一步修改完善。

编　者

2024 年 5 月

目录 Contents

学习任务一　职业感知与安全防护 ·· 1
　　学习活动 1　新能源汽车认知与操作 ·· 2
　　学习活动 2　新能源汽车维护用具与检测设备正确使用 ················· 18
　　习题 ·· 37

学习任务二　高压用电安全与急救 ·· 39
　　学习活动 1　高压安全检测与规范操作 ·· 40
　　学习活动 2　汽车高压电安全事故与应急救援 ································· 53
　　习题 ·· 67

学习任务三　新车 PDI 交付检查 ·· 69
　　学习活动 1　配备资料检查 ··· 70
　　学习活动 2　外观及内饰检查 ··· 78
　　学习活动 3　起动及充电系统功能检查 ·· 92
　　学习活动 4　照明及仪表系统功能检查 ··· 121
　　学习活动 5　辅助电器系统功能检查 ··· 144
　　习题 ·· 153

学习任务四　新能源汽车常规维护 ·· 156
　　学习活动 1　车辆的清洁 ··· 157
　　学习活动 2　新能源汽车前机舱检查维护 ····································· 169
　　学习活动 3　新能源汽车底盘检查维护 ··· 185
　　学习活动 4　新能源汽车电器检查维护 ··· 203
　　习题 ·· 225

参考文献 ·· 230

学习任务一

职业感知与安全防护

学习目标

1. 知识目标

(1)能描述新能源汽车的常见类型和特点。

(2)能描述新能源汽车充电操作方法及仪表标识含义。

(3)能描述新能源汽车充电系统的常规检查流程。

2. 技能目标

(1)能完成高压安全防护用具及常规工量具正确操作。

(2)能完成新能源汽车仪表及各系统功能性操作。

(3)能完成新能源汽车的高压上电、下电及充电操作。

3. 素养目标

(1)培养学生严谨的工作态度,规范实训8S管理,养成良好的职业行为习惯。

(2)规范操作、主动钻研,养成精益求精的工匠精神。

(3)通过学习使学生具备本专业高素质技术工作者所必需的完工检验技能,同时培养学生的专业兴趣,增强学生的团结协作能力。

(4)促进学生职业素养的形成,为培养高素质汽车售后服务人才奠定良好的基础。

(5)培养自主学习、崇尚劳动的意识,形成有耐心、够细心、爱岗敬业的劳模精神。

参考学时

20学时。

任务描述

学生到新能源汽车实训车间进行实训学习,实训前需进行安全生产的相关培训,包括:新能源汽车的认知与操作,正确使用高压安全防护用品,以及正确使用相关维修工具与检测设备,保证人身与设备安全,防止事故发生。

学习活动1　新能源汽车认知与操作

一　明确任务

根据任务描述,能正确认识新能源汽车,并对其分类有精准的认知,且对不同类型新能源汽车的结构有着清晰认知;对充电形式熟悉,并能用正确的方法使用设备充电。

二　工作准备与计划制订

(一)知识准备

新能源汽车是指采用_____作为动力来源(或使用常规的车用燃料、采用新型车载动力装置),综合车辆的_____控制和_____方面的先进技术,形成的技术原理先进、具有新技术、新结构的汽车。新能源汽车的最大特点是采用了电动机提供动力,给电动机供电的是蓄电池,而蓄电池的充电方式可以是内置发电机、外接充电口、太阳能、化学能。新能源汽车在行驶过程中不会产生污染环境的物质,因此得到了世界各国的广泛推广和应用。同时,由于新能源汽车具有节能和环保的优点,它也成为了现代汽车产业发展的重要方向之一。

1. 新能源汽车分类

新能源汽车包括纯电动汽车、增程式电动汽车、混合动力电动汽车、燃料电池电动汽车、氢发动机汽车等。

1)纯电动汽车

纯电动汽车是指以_____为动力,用_____驱动车辆行驶,符合道路交通、安全法规各项要求的车辆。电力驱动及控制系统是电动汽车的核心,也是区别于内燃机汽车的最大不同点。就目前发展情况来看,纯电动汽车发展较快,关键技术和性能指标持续提升,产业规模持续增长。

2)插电式混合动力电动汽车

插电式混合动力汽车属于混合动力电动汽车的一种类型,它理论上以电能驱动为主,发动机只在纯电行驶里程不足时起补充保障作用,故归入新能源汽车中,其目前技术已较为成熟。

3)氢燃料电池汽车

氢燃料电池汽车目前处于基础研发及小批量试运营阶段,它是以氢燃料电池作为动力源的新能源汽车,是一种真正意义上的"零排放、无污染"的载运工具。

2.新能源汽车结构特征

传统燃油汽车由发动机、底盘、车身、电器四大系统组成。新能源汽车与传统燃油汽车相比,同样也有底盘、车身、电器系统,不同类型的新能源汽车结构有所不同。下面重点介绍市场中普遍存在的两种新能源汽车类型结构,纯电动汽车和混合动力电动汽车的结构。

1)纯电动汽车结构特征

纯电动汽车由车身、电器系统、底盘系统、电机驱动及控制系统、充电系统等零部件组成。纯电动汽车的机械部件和传统燃油汽车相差不大,区别在于采用驱动电机、动力蓄电池等部件取代传统燃油汽车动力单元的发动机和变速器。下面对主要高压部件进行识别。

(1)高压动力蓄电池。

高压动力蓄电池,通常安装在车辆尾部,用于存储电能。目前市场上使用比较多的高压动力蓄电池类型是锂离子电池,分为三元锂电池和磷酸铁锂电池。三元锂电池具有较高的能量密度,能提供更长的续航时间和更高的功率输出,在高温环境下具有较好的稳定性和安全性,适用于高温工作环境,但是三元锂电池的循环寿命较低,容易出现容量衰减,在过充和高温等情况下,安全性较差,容易发生热失控、着火等安全问题。磷酸铁锂电池具有较长的循环寿命,能够承受更多的充放电循环而不易容量衰减,在过充和高温情况下更安全,不易发生热失控或着火。相比三元锂电池,磷酸铁锂电池的能量密度较低,续航时间相对较短。

动力蓄电池内部由电池模组、动力蓄电池片、连接电缆、采集器采样线、蓄电池组、密封条等部件组成。如图1-1所示为高压蓄电池包。

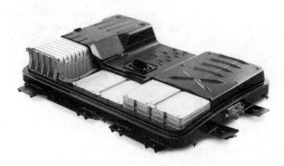

图1-1　高压蓄电池包

(2)驱动电机控制器。

驱动电机控制器是驱动电机的主控部件,主要功能是将来自动力蓄电池的直流电转换为可用于驱动电机的三相交流电,同时在制动能量回收时,将交流电转换成直流电,给动力蓄电池进行充电。通常与电机控制模块集成为一个整体。

(3)高压配电箱。

高压配电箱也称为高压控制盒,将动力蓄电池输出的电能分配到高压空调压缩机、车载充电器等部件中,如图1-2所示。

图 1-2　高压配电箱

（4）动力蓄电池管理器。

动力蓄电池管理器是纯电动汽车动力控制部分的核心。负责整车电动系统的电力控制并实时检测电力系统的用电状态，采取保护措施，保证车辆安全行驶。一般纯电动汽车动力蓄电池管理器装在高压电控总成的后方，同时高压配电箱还与其配合，如图 1-3 所示。

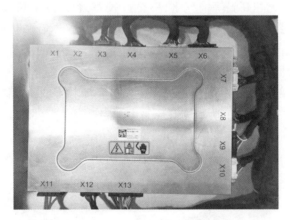

图 1-3　动力蓄电池管理器

（5）车载充电机。

车载充电机通常安装于车辆前机舱，车载充电机连接外部交流电源，将交流电进行交直流转换，以便为动力蓄电池进行充电。

（6）DC/DC 变换器。

DC/DC 变换器通常安装在车辆前机舱内，DC/DC 变换器主要用于将动力蓄电池的高压直流转换为低压直流电，用于供给车内低压直流用电设备，例如低压辅助蓄电池、灯光系统等。

（7）变速驱动单元。

变速驱动单元是纯电动汽车的动力输出单元，主要由三相电机和减速齿轮机构组成，如图 1-4 所示。

图1-4　变速驱动单元

2）混合动力电动汽车结构特征

混合动力电动汽车的结构比较复杂,既装配有传统燃油机,也有变速驱动单元、动力蓄电池等部件,如图1-5所示。混合动力电动汽车的内燃机和传统燃油汽车的内燃机基本一致,同时混合动力电动汽车的动力蓄电池、DC/DC变换器等部件与纯电动汽车在结构原理上也并无区别,但是变速驱动单元的设计却是混合动力电动汽车的核心,是其技术性能的重要表现。

图1-5　混合动力电动汽车结构

下面主要对混合动力电动汽车和传统燃油汽车在结构上的区别进行识别。

（1）车辆外部标识。

混合动力电动汽车,通常在车辆上标识有HEV(混合动力)或者PHEV(插电式混合动力)等标识。

（2）车辆前机舱。

混合动力电动汽车的前机舱同时安装有发动机和驱动电机及控制器等部件,如图1-6所示。

（3）驱动结构。

混合动力电动汽车变速驱动单元不同于传统燃油汽车的自动变速器和手动变速

器。根据车辆运行的需要,混合动力电动汽车在传统燃油汽车动力传递路线上,另外增加一套由动力蓄电池、驱动电机组成的电动动力输出线路。

图1-6 混合动力电动汽车的前机舱

混合动力电动汽车与传统燃油汽车、纯电动汽车相比,主要区别在于动力输出和动力传递线路的不同,所以结构上有所差异。同时,由于混合动力电动汽车的内燃机不是时刻工作,所以车辆在制动、转向方面也有所区别,多采用电控单元完成对制动、转向的控制。

3. 新能源汽车的操控与充电

随着科学技术的不断发展,新能源汽车智能化程度也逐步提升。现在新能源汽车配备多种智能辅助功能,例如:自适应巡航、自动泊车辅助、远程App控制等智能辅助功能,大大提升了车辆操作的便捷性和科技感。目前市场中的纯新能源汽车多采用智能钥匙,在起动时,只需携带钥匙进入车内,按下起动按键即可起动车辆。

1) 车辆起动操作

携带钥匙进入车辆,踩下制动踏板,挂入P挡,按下"START"开关,即可起动车辆(即"上电")。如图1-7所示。

完成起动操作后,观察仪表显示是否正常,如果智能钥匙系统指示灯点亮或显示未检测到钥匙,并伴随车辆发出蜂鸣声,则表示钥匙不在车内,或者钥匙电量不足。其中特别注意纯电动汽车在起动时,没有发动机运转的声音,需要确认仪表中"Ready"指示灯点亮,在车辆驶出时确认车辆前方没有行人和障碍物。

2) 车辆换挡操作

新能源汽车普遍使用的换挡方式有变速杆和旋钮式两种类型,如图1-8所示。

在切换挡位时,踩下制动踏板,将挡位切换至所需挡位即可。

图1-7 车辆起动

图 1-8　换挡方式(变速杆、旋钮式)

3) 车辆驾驶模式切换操作

纯电动汽车驾驶模式,可以在节能(ECO)模式、运动(SPORT)模式之间进行切换。在节能模式下,车辆动力输出较为温和,达到节能舒适的目的;而在运动模式下,车辆动力更为强劲。可通过中控台的驾驶模式按钮进行切换,如图 1-9 所示。

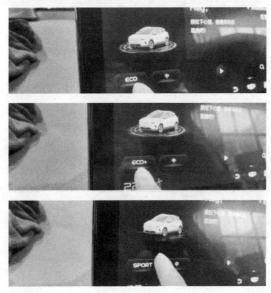

图 1-9　驾驶模式

4) 车辆能量回收操作

纯电动车辆一般都具备能量回收功能,在车辆滑行减速和制动时通过反带电机运转发电实现能量回收,从而将车辆动能转换为电能,存储在电池中。能量回收设置按键如图 1-10 所示。

5) 车辆充电操作

纯电动汽车车辆充电时,按充电方式可分为接触式和感应式。接触式充电,将充电枪直接连接纯电动汽车的充电口为动力蓄电池充电,优点是操作简单方便,缺点是充电电流小，充电时间长。感应式充电，是将普通低频交流电转换成高频电交流电，然后将高频交流电感应到纯电动汽车上，为动力蓄电池进行充电，特点是便捷，安全系数较高，但是技术难度大，并且具有电磁辐射。

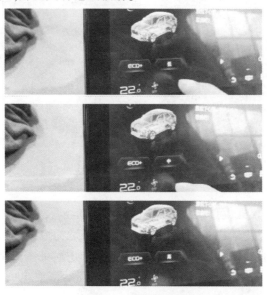

图1-10　能量回收

按充电时间可分为交流慢充和直流快充如图1-11所示。交流慢充充电时，需连接交流充电电源，经由车载充电机进行交直流电转换，进而为动力蓄电池充电，充电时间为5～8h。直流快充是通过安装在充电站的直流充电桩将直流高压电直接通过车辆的直流充电口为动力蓄电池充电，一般情况下，充电时间为1～2h。

图1-11　交流慢充和直流快充

小贴士

1. 充电桩/站组成和功能

充电桩由桩体、电气模块、计量模块等部分组成。充电桩包括交流充电桩和直流充电桩。充电桩通常以成组的型式进行设置，以提高其利用率。充电桩基本功能为供电或充电、计量和通信，扩展功能为计费。

2. 充电站组成和功能

与充电桩不同,充电站主要由行车道、充电区、供配电设施、充电装置、监控装置等组成。公共充电站还应包括营业场所。

具有电池更换功能的充电站应包括备用电池存储,电池更换的设施及场所。充电站供配电设施由高压开关柜、变压器、低压开关柜及其电力、控制线路等组成。

(二)制订工作方案

1. 任务分工(表1-1)

学生任务分配表　　　　表1-1

班级		组号		指导老师	
组长		任务分工			
组员1		任务分工			
组员2		任务分工			
组员3		任务分工			
组员4		任务分工			
组员5		任务分工			
组员6		任务分工			

2. 工量具、仪器设备与耗材准备

(1)使用的工量具有:_____。

(2)使用的仪器设备有:_____。

(3)使用的耗材有:_____。

3. 具体方案描述

_____
_____
_____
_____
_____

(三)制订工作方案

请根据任务分工及工量具、仪器设备、耗材准备情况制订工作方案。

_____
_____
_____
_____
_____

三、计划实施

(一)安全注意事项及技能要点

1. 安全注意事项

(1)不能佩戴首饰、钥匙,不能披长发。
(2)正确检查及佩戴安全防护用具。
(3)正确使用车辆。

2. 技能要点

(1)做好车辆安全防护工作。
(2)车辆换挡操作时,脚踩制动踏板不放并拉起驻车制动器。

(二)车辆操作

1. 车辆操作(表1-2)

车辆操作方法及说明　　　　　　　　　　　表1-2

步骤	操作方法及说明	质量标准及记录
1. 车辆起动操作	(1)起动前安全检查。	安全检查: □是　□否 结果记录:_____

续上表

步骤	操作方法及说明	质量标准及记录
1. 车辆起动操作	（2）起动车辆。 （3）观察仪表指示灯	车辆起动： □是　□否 结果记录：_____ 仪表显示： □是　□否 结果记录：_____
2. 换挡操作	（1）检查车辆 READY 状态。	车辆 READY 状态： □是　□否 结果记录：_____

续上表

步骤	操作方法及说明	质量标准及记录
2. 换挡操作	（2）踩下制动踏板。  （3）同时旋转挡位至 N 挡 	制动踏板操作： □是　□否 结果记录：_____ 挡位切换： □是　□否 结果记录：_____
3. 驾驶模式切换	（1）检查挡位是否在 P 挡。 	P 挡确认： □是　□否 结果记录：_____

续上表

步骤	操作方法及说明	质量标准及记录
3.驾驶模式切换	(2) ECO 模式切换至 SPORT 模式。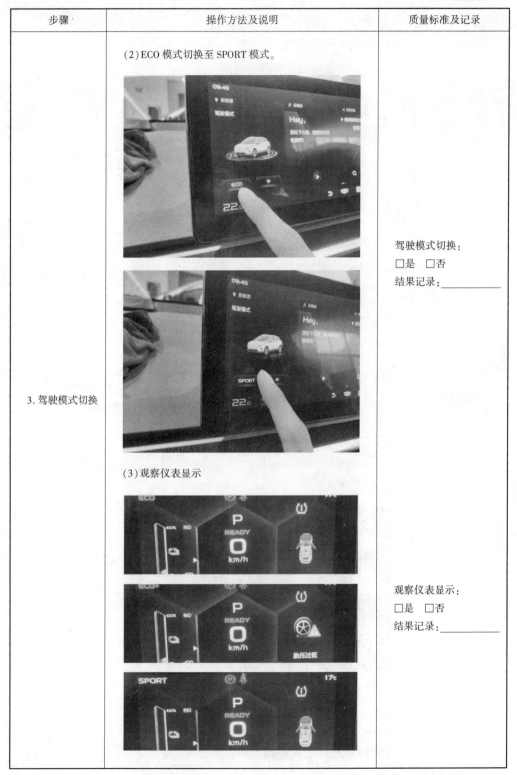 (3) 观察仪表显示	驾驶模式切换： □是 □否 结果记录：_____ 观察仪表显示： □是 □否 结果记录：_____

续上表

步骤	操作方法及说明	质量标准及记录
4.制动能量回收	（1）检查挡位是否在 P 挡。  （2）按下能量回收按键。 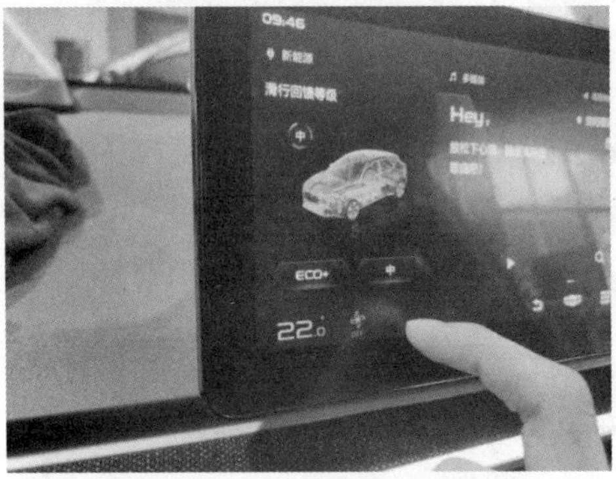 （3）观察仪表显示 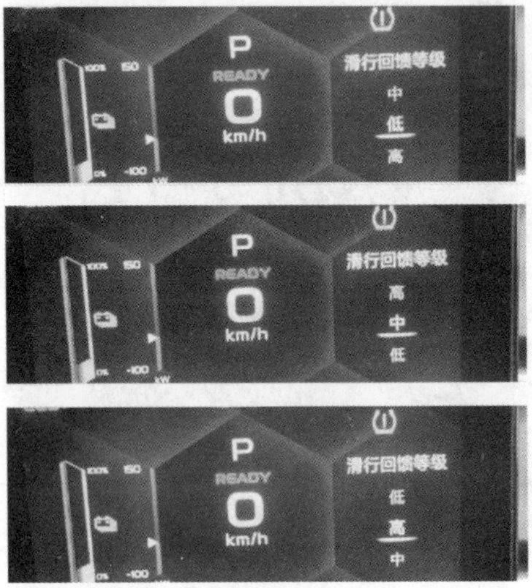	P 挡确认： □是　□否 结果记录：_____ 能量回收开启： □是　□否 结果记录：_____ 确认仪表显示： □是　□否 结果记录：_____

2. 车辆充电系统操作(表1-3)

充电系统检查与操作方法　　　　　　　　　表1-3

步骤	操作方法及说明	质量标准及记录
1. 慢充充电口检查	打开慢充充电口,检查充电口有无异物、有无损伤	□有异物 □无异物 □有损伤 □无损伤
2. 随车充电枪配备检查	打开行李舱,检查是否配备充电枪	□有　□无
3. 连接随车充电枪和充电口	(1)检查随车充电枪枪口有无异物、有无损伤。	□有异物 □无异物 □有损伤 □无损伤

续上表

步骤	操作方法及说明	质量标准及记录
3.连接随车充电枪和充电口	（2）确保车辆下电，打开车载慢充接口，插上随车充电枪，连接电源，观察仪表指示灯点亮情况，看车辆能否充电	□充电连接指示灯点亮 □充电连接指示灯未点亮 □充电确认指示灯点亮 □充电确认指示未灯点亮 □正常充电 □不能正常充电

四 评价反馈

评价表见表1-4。

评价表　　　　　　　　　　　　　表1-4

评分项目	评分标准	分值(分)	得分(分)
学习目标	能明确本任务的知识、技能、素养目标，理解任务在工作中的重要程度	5	
工作任务分析	能清晰描述完成本次工作任务内容	2	
	能清晰描述完成本次工作任务需必备的技能与知识点	2	

续上表

评分项目	评分标准	分值(分)	得分(分)
有效信息获取	能描述纯电动汽车的组成	5	
	能描述插电式混合动力电动汽车的组成	5	
	能描述氢燃料电池汽车的组成	6	
	能正确使用设备充电	5	
实施方案制订	能清晰地制订并填写本次车辆充电的准备作业计划	5	
	能组织或协同工作小组成员,明确本次任务所需仪器设备、工具、材料的准备与清点,并准备记录	5	
	能组织或协同工作小组成员交流,优化检查方案并记录	5	
任务实施	能正确操作预充电	5	
	能正确操作快速充电	5	
	能正确操作补足充电	7	
	能正确操作涓流充电	5	
	能正确操作恒流充电	5	
	能正确操作恒压充电	5	
	能正确操作脉冲快速充电	7	
任务评价	能通过本次任务实施,结合自己在实训过程中的表现,进行自我评价及自我反思并记录	3	
职业素养	按规定时间完成项目作业	2	
	遵守实训室管理规定、劳动纪律	2	
	积极参与课堂活动、回答问题	2	
	能够按时出勤	2	
思政要求	能独立实施8S、融入团队协作、提升职业素养	5	
	总计	100	

改进建议:

教师签字:
日期:

学习活动 2　新能源汽车维护用具与检测设备正确使用

一、明确任务

王先生的吉利几何汽车已经行驶 1 年了,王先生想对车辆进行维护,作为 4S 店的一名技师,你在接到任务后应该如何选择和使用维护工具?

二、工作准备与计划制订

(一)知识准备

1. 防护用具

1)绝缘手套

绝缘手套(图 1-12)是用_____制成的,能起到_____作用,具有_____等功能。绝缘手套主要在高压电器设备操作时使用,如动力蓄电池高压回路放电与验电、高压部件的拆装。

2)绝缘鞋

绝缘鞋(图 1-13)是高压操作时使_____保持绝缘的_____,一般在较潮湿的场所使用。绝缘鞋应放在干燥、通风处,不能随意乱放,并且避免接触高温、尖锐物品和酸碱油类物质。

绝缘手套技术要求

图 1-12　绝缘手套

图 1-13　绝缘鞋

3）绝缘帽

绝缘帽（图1-14）一般在新能源汽车举升状态维护时使用。

4）护目镜

检查和维护新能源汽车时需要佩戴护目镜（图1-15），主要用于防御_____产生的_____对眼睛的损伤。

图1-14　绝缘帽

图1-15　护目镜

5）绝缘服

绝缘服（图1-16）主要用于_____。

6）绝缘垫

绝缘垫（图1-17）是具有较大电阻率和耐电击穿的胶垫，主要在新能源汽车维护时用于地面铺设，起到绝缘的作用。

图1-16　绝缘服　　　　　　　　　图1-17　绝缘垫

7）静电手环

静电手环（图1-18）是由导电松紧带、活动按扣、弹簧聚氨基甲酸酯（简称"聚氨

酯",PU)线、保护电阻及插头或鳄鱼夹组成的,是一种用于＿＿＿＿＿＿＿＿＿＿
＿＿＿＿＿＿＿＿＿＿＿＿＿。静电手环按种类分为有绳手腕带、无绳手腕带及智能防静电手腕带;按结构分为单回路手腕带及双回路手腕带。

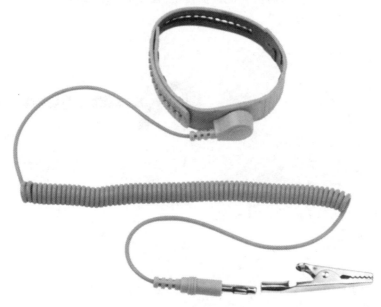

图1-18　静电手环

2. 绝缘性能

1)绝缘性能的概念

在强电作用下,绝缘物质可能被击穿而丧失其绝缘性能。气体绝缘物质与液体绝缘物质被击穿后,一旦去掉外界因素(强电场)即可自行恢复其应有的电气绝缘性能;而固体绝缘物质被击穿后则不可逆地完全丧失了其电气绝缘性能。因此,电气线路与设备的绝缘选择必须与电压等级相配合,而且须与使用环境及运行条件相适应,以保证绝缘的安全作用。

此外,腐蚀性气体、蒸汽、潮气、导电性粉尘以及机械损伤等原因,均可能使绝缘物质的绝缘性能降低甚至破坏。而且,日光、风雨等环境因素的长期作用,也可能使绝缘物质老化而逐渐失去其绝缘性能。

2)等电位测试仪

等电位测试仪(图1-19)又名微欧计、欧姆计、直流接地电阻测试仪,是检测＿＿＿＿＿＿之间＿＿＿＿＿＿＿＿的仪表,也可以测量各种电气设备与地网地极间连接导体的电阻、变压器直流电阻,还可以测量开关、插座触点的接触电阻、线圈、金属导线、焊接点等低值电阻。

等电位测试仪是用来确定测量点之间的电位差,发现电气系统中存在的电位不平衡问题,从而预防电气事故的发生。

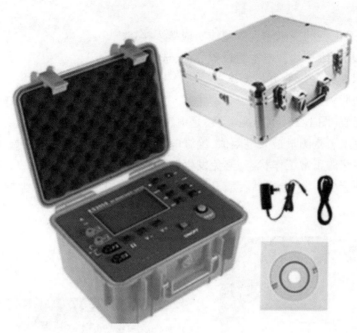

图 1-19　等电位测试仪

使用方法：

(1) 环境检测。测试前将所有电器从电源中拔除,首先测量电器电源和地面之间的电位差,其次需要进行电场测试,最后检测电磁辐射的强度,确保测试的准确性和安全性。

(2) 接地。将测试仪的导线插入地面上,然后连接测试表和测试导线。

(3) 校准。调整校准电阻阻值稳定在 0.00V。

(4) 将测试仪导线插入测试区域地面上,确保测试仪导线在地面上保持不变。

> **小贴士**
>
> 测试过程中,测试仪的导线需要保持稳定,防止出现抖动的情况。

3) 蓄电池均衡仪

蓄电池的均衡就是_____,是指在蓄电池的使用过程中,因为蓄电池的个体差异、温度差异等原因造成蓄电池端电压不平衡。为了防止这种不平衡趋势的恶化,要提高蓄电池组的充电电压,对蓄电池进行活化充电。

蓄电池组均衡仪(图 1-20),是一款新能源汽车锂离子蓄电池组的养护设备,它可以有效解决新能源汽车使用寿命不达标,以及蓄电池组电量差异造成的续驶里程减少的问题。

使用方法：

(1) 将蓄电池均衡导线插入相对应的接线端子,然后将另一端与蓄电池箱端连接。

(2) 将仪表配备的交流输入电源线对应接入接口。

(3) 进入均衡维护的蓄电池组设置界面,选择参数。

(4) 点击【启动】按钮,开始测试。

4) 绝缘电阻表

绝缘电阻表(图 1-21)也称兆欧表,是电工常用的一种测量仪表,以兆欧(MΩ)为单位。绝缘电阻表是测量最大电阻值、绝缘电阻、吸收比及极化指数的专用仪表,保证电气设备及线路的正常工作状态,避免发生触电伤亡及设备损坏等事故。数字式绝缘电阻表常适用于变压器、电机、线缆、开关、电器等各种电气设备及绝缘材料的绝缘电阻测量。

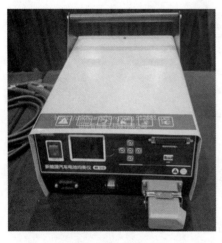

图 1-20 蓄电池组均衡仪

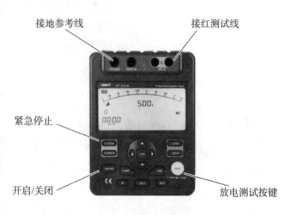

图 1-21 绝缘电阻表

绝缘电阻表同时也可显示绝缘电阻电压的实际值(100V/250V/500V/1000V),绝缘电阻测试高达 10GΩ。由于绝缘测试时测试表笔输出高压电,因此进行绝缘测试时需要佩戴绝缘手套。

使用方法:

(1) 校准。将绝缘电阻表水平放置,红黑表笔相接,以 100V 为测试电压放电,若电阻为 0.0Ω,则校准正常。

(2) 将测试线分别接触测试接地点与车身壳体并接触牢固。

(3) 调整放电电压,使其大于车辆动力蓄电池总电压。

(4) 按测试键进行放电,读取数值。

> **小贴士**
>
> 绝缘表使用过程中必须穿戴绝缘手套,使用放电时间不宜过长,否则会损害绝缘表的性能。

一般情况下,新装或大修后的低压线路与设备,其绝缘电阻不应低于 $0.5M\Omega$;运行中的低压线路与设备,其绝缘电阻不应低于 $1000\Omega/V$;在潮湿场合下的设备线路,其绝缘电阻不应低于 $500\Omega/V$,控制线路的绝缘电阻一般不应低于 $1M\Omega$,而高压线路与设备的绝缘电阻一般不应低于 $100M\Omega$。

对于新能源汽车来说,在高于其动力蓄电池总电压的高压放电下,可参考表 1-5 列出的常见部件绝缘标准(不同车型应参考维修手册)。

常见部件绝缘标准参考   表 1-5

部件名称	绝缘参考值($M\Omega$)	测试电压(V)
高压线束	>20	1000
高压用电器	>10	1000
电机绝缘栅双极晶体管 (Insulate-Gate Bipolar Transistor, IGBT)控制器	>2	1000

注:不同车型应参考维修手册。

3. 接地电阻

1)接地电阻的概念

接地技术最初是为了防止电力或电子等设备遭雷击而采取的保护性措施,目的是把雷电产生的雷击电流通过避雷针引入大地,从而起到保护建筑物的作用。同时,接地也是保护人身安全的一种有效手段,当某种原因引起的相线(如电线绝缘不良、线路老化等)和设备外壳碰触时,设备的外壳就会有危险电压产生,由此生成的电流就会经保护地线到大地,从而起到保护作用。

接地电阻就是用来衡量接地状态是否良好的一个重要参数,是电流由接地装置流入大地再经大地流向另一接地体或向远处扩散所遇到的电阻,它包括接地极的自电阻、接地极之间的互电阻、接地极与大地之间的接触电阻。接地电阻大小直接体现了电气装置与"地"接触的良好程度,也反映了接地网的规模。接地电阻的概念只适用于小型接地网。随着接地网占地面积的加大以及土壤电阻率的降低,接地阻抗中感性分量的作用越来越大,大型地网应采用接地阻抗设计。

2)接地电阻检测仪

接地电阻检测仪(图 1-22)是用来测量_____、_____、_____、_____等接地装置的接地电阻,即接地装置流过工频电流时所呈现的电阻,包括接地线电阻、接地体电阻、接地体与大地之间的接触电阻和大地流散电阻。

使用方法:

(1)校准,将电阻表水平放置,红黑表笔相接,以 20Ω 为量程测试,若电阻小于 0.1Ω,则校准正常。

(2)测试线分别接触测试接地点与车身壳体并接触牢固。

(3) 选取正确量程。

(4) 按测试键进行测试,若结果小于 0.1Ω,则说明接地良好。

绝缘表与接地表的口诀:绝缘表测大,接地表测小,勿忘需校表,接触要牢靠。

4. 线路电流

1) 线路电流的概念

线路电流指的是新能源汽车线路中单位时间内通过导体横截面的电荷量。通常,在新能源汽车的维护过程中,为了保护蓄电池和车辆电气系统的电气线路不受过载影响,必须测量电流,如果线束着火,严重时甚至会导致车辆报废。

2) 钳形电流表

钳形电流表(图 1-23)又称电流钳,是利用电流互感器原理所制成,分为指针式和数字式两种,本书以讲解数字式钳形电流表为主。钳形电流表可以在不断开电路的情况下测量线路电流,使用前应先区分它是否可正常工作。

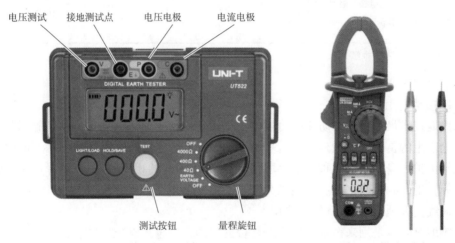

图 1-22 接地电阻测试仪　　　　　图 1-23 钳形电流表

使用方法:

(1) 正确选择钳型电流表的电压等级,根据电动机功率估计额定电流,选择表的量程。

(2) 测量时,将导线穿过钳形表钳口,可得流过导线的电流值。

(3) 测量小电流时,可先将被测电路的导线绕几圈,再放进钳形表的钳口内进行测量(此时钳形表所指示的电流值并非被测量的实际值,实际电流应当为钳形表的读数除以导线缠绕的圈数)。

小贴士

每次测量后,要调节电流量程归零,以免有些表没有带自动关闭功能,蓄电池电量耗尽。

3)示波器

示波器(图1-24)是采集电压信号的仪器,用来检测汽车电子电路故障。由于其采集的信号基于时间有一定的连续,故成"波",将该"波"显示出来即为示波。

使用方法:

(1)打开开关后将所有配置参数恢复默认状态。

(2)使用普通无源探头连接面板上的探头补偿端,注意不要接反。

4)气密性测试仪

新能源汽车各式各样的零件需要用气密性测试仪(图1-25)进行检测,如汽车连接器、汽车灯具、充电枪等,甚至充电桩等零部件也需要防水测试。当前,人们对检测的效果、精确性、便携性、检测效率等需求越来越高。

图1-24　示波器　　　　　　　图1-25　气密性检测仪

使用方法:

(1)准备好气源和电源。

(2)针对不同的待检测零件,调用相应的检测程序。

(3)打开气密性检测仪的电源开关,将产品连接到测试气管上,启动测试按钮。

(二)制订工作方案

1. 任务分工(表1-6)

学生任务分配表　　　　　　　　　　表1-6

班级		组号		指导老师	
组长		任务分工			
组员1		任务分工			
组员2		任务分工			
组员3		任务分工			
组员4		任务分工			

续上表

班级		组号		指导老师	
组员5		任务分工			
组员6		任务分工			

2. 工量具、仪器设备与耗材准备

(1)使用的工量具有：_____。

(2)使用的仪器设备有：_____。

(3)使用的耗材有：_____。

3. 具体方案描述

_____

_____

_____

_____

三、计划实施

(一)安全注意事项及技能要点

1. 安全注意事项

(1)不能佩戴首饰、钥匙,不能披长发。

(2)正确检查及佩戴安全防护用具。

(3)被测电路电压不能超过钳形表上所标明的数值,否则容易造成接地事故,或者引起触电危险。

(4)测量绝缘电阻前,被测对象应切断电源,绝对不准被测对象带电进行测试,不然将损坏兆欧表并造成人身触电事故及其他事故。

(5)使用绝缘电阻表摇测与读数时,若发现指针已经指在零刻度处,表明被测对象存在短路现象,应立即停止转动摇柄,以防兆欧表内部的动圈因过热而损坏。

(6)当接地电阻检测仪表头左上角显示"←"时,表示电池电压不足,应更换新电池。仪表长期不用时,应将电池全部取出,以免锈蚀仪表。

(7)示波器关机前,先将灰度调节旋钮沿逆时针方向转到底,使亮度减到最小,然后再断开电源,防止示波器损坏。

2. 技能要点

(1)正确选择绝缘测试仪接地电阻测试仪的量程。

(2)注意不要把气密性检测仪放在通风口,周围不要有振动或强磁场,以免影响测试的稳定性和准确性。

(3)在使用钳形电流表前应仔细阅读说明书,确认是使用交流还是交直流两用钳形表。

(4)钳形电流表钳口在测量时闭合要紧密,闭合后如有杂音,可打开钳口重测一次;若杂音仍不能消除,应检查磁路上各接合面是否光洁,有尘污时要擦拭干净。

(5)使用钳形电流表测量前应先估计被测电流的大小,再决定用哪一量程。若无法估计,可先用最大量程挡然后适当换小,以准确读数。不能使用小电流挡去测量大电流,以防损坏仪表。

(6)测量绝缘电阻时,对被测对象的测量部分必须进行清洁处理,不得有污垢或水汽,以免因其漏电而影响测量的准确度。

(7)使用接地电阻检测仪时,接地线路要与被保护设备断开,以保证测量结果的准确性。

(8)测量保护接地电阻时,最好在不同方向重复测量3~4次,取其平均值。

(9)当接地电阻测试仪表为交直流两用,不接交流电时,仪表使用电池供电,接入交流时,优先使用交流电。

(10)使用示波器时,如果发现波形受外界干扰,可将示波器外壳接地。

(二)新能源汽车维护用具与检测设备正确使用

1. 新能源汽车防护用具的检查与使用(表1-7)

新能源汽车防护用具的检查与使用　　　　表1-7

步骤	操作方法及说明	质量标准及记录
1.外观检查	(1)目视检查绝缘手套外观是否龟裂老化。 (2)检查绝缘鞋外观是否良好,是否有开胶、断底等现象,如果有则更换。 (3)检查绝缘帽外观。 (4)检查护目镜镜面是否有划痕裂纹,镜带是否松弛失效。 (5)检查绝缘垫外观。 (6)检查静电手环外观	□是　□否 □是　□否 □是　□否 □是　□否 □是　□否 □是　□否
2.功能性检查	绝缘手套: (1)检查绝缘手套铭牌上的最大使用电压,根据测量实物选择合适的绝缘手套。 (2)进行气密性检查,若有破损,不能使用。	□查看绝缘手套铭牌 □进行绝缘手套气密性试验

续上表

步骤	操作方法及说明	质量标准及记录
2. 功能性检查	(3)气密性检查。 绝缘鞋： (1)检查鞋面有无划痕、是否干燥。 (2)鞋底有无断裂。 绝缘帽： (1)检查绝缘帽有无裂缝或损伤、有无变形。 (2)检查下颚带是否完好、牢固。 护目镜： (1)检查护目镜有无裂痕、损坏。 (2)检查镜架螺钉的紧固情况。	□是 □否 □有 □无 □有 □无 □是 □否 □有 □无

续上表

步骤	操作方法及说明	质量标准及记录
2.功能性检查	绝缘垫： (1)检查绝缘垫有无裂痕、损坏。 (2)检查绝缘垫对地绝缘性能(选取绝缘垫边缘四个顶角)。 静电手环： (1)检查静电手环有无破损、断裂。 (2)将手环连接线的鳄鱼夹夹到测试仪的大地地线上，检查腕带接地系统是否正常	□测试绝缘垫的绝缘性能 □有　□无 □是　□否

2. 等电位测试仪的检查与使用(表1-8)

等电位测试仪操作方法及说明　　　　表1-8

步骤	操作方法及说明	质量标准及记录
1.外观功能性检查	(1)目视等电位测试仪查看外观是否有破损、变形等情况。 (2)检查测试仪的电池容量。 (3)检查测试导线是否有破损、断裂	□外观干净整洁、无破损变形等情况 □电池充满电 □测试导线无破损、断裂
2.等电位测试仪校准	(1)首先选择一块合适的地面进行测试，将测试仪的导线插入地面，然后连接测试表和测试导线。 (2)将校准开关调到"校准"位置。 (3)根据测试仪的显示结果，调整校准电阻的阻值，直到测试仪的显示结果稳定在0.00V	□开路测试电阻值为无穷大 □短路测试电阻值应小于1Ω

续上表

步骤	操作方法及说明	质量标准及记录
3.实操演示	(1)将测试仪的校准开关切换到"测试"位置。 (2)将测试仪的导线插到测试点,并确保测试仪的测试导线在地面上保持不变,显示屏显示测试结果。 (3)测试结束后,将测试仪的导线插入计算机或其他数据处理设备中,以便进行数据的存储和处理	□绝缘测试电阻值应大于20MΩ

3. 蓄电池均衡仪的检查与使用(表1-9)

蓄电池均衡仪操作方法及说明　　　　　　　表1-9

步骤	操作方法及说明	质量标准及记录
1.外观功能性检查	(1)目视蓄电池均衡仪查看外观是否有破损、变形等情况。 (2)观察均衡导线排接头是否有破损。 (3)观察各接口是否有异物或损坏	□外观干净整洁、线束无破损、测试指针无弯折变形等情况 □绝缘测试夹子与线束应紧密配合,无松动、脱落等情况 □安装过程中接线柱必须安装到位,不得存在虚接等情况
2.实操演示	(1)将电缆线与蓄电池组连接。将锂离子蓄电池均衡导线的快速接线排接头,插入测试仪对应的接线端子,然后将放电导线另一端与电池箱端连接。 (2)将均衡导线的红色接头按顺序与需均衡模组蓄电池单体正极连接,将黑色接头与需均衡模组蓄电池模组负极连接。 (3)将仪表配备的交流输入电源线对应接入电源插座的负荷输出(单相三线220V输入,最大输入10A)。 (4)选择进入"均衡维护",点击设置按钮。 (5)进入均衡维护的电池组设置界面,选择工作模式、电池串数、工作电流等参数。 (6)点击启动按钮,开始测试	□绝缘测试电阻值应大于20MΩ

4. 绝缘电阻表的检查与使用(表1-10)

绝缘电阻表操作方法及说明　　　　　　　　表1-10

步骤	操作方法及说明	质量标准及记录
1. 外观功能性检查	(1)目视绝缘电阻表查看外观是否有破损、变形等情况。 (2)观察夹子是否有脱落。 (3)正极安装在"COM"和"LINE"接线孔,负极安装在"EARTH"接线孔	□外观干净整洁、线束无破损、测试指针无弯折变形等情况 □绝缘测试夹子与线束应紧密配合,无松动、脱落等情况 □安装过程中接线柱必须安装到位,不得存在虚接等情况
2. 绝缘电阻表校准	(1)打开绝缘电阻表"ON"开关,电压设置为100V。 (2)按下"TEST"键,检查绝缘电阻表开路测试是否正常,检查开路电阻是否为无穷大。 (3)安装鳄鱼夹并将正负极短接,按下"TEST"键,检查短路电阻是否小于1Ω。	□开路测试电阻值为无穷大 □短路测试电阻值小于1Ω

续上表

步骤	操作方法及说明	质量标准及记录
2.绝缘电阻表校准	(4)校表完成后关闭绝缘电阻表,并整理好工位	
3.实操演示	(1)打开绝缘电阻表,将工作电压调到1000V。 (2)将表笔分别接在交流充电口L和N端。 (3)按下"TEST"键,读取显示屏中的数据	□绝缘测试电阻值应大于20MΩ

5.接地电阻测试仪的检查与使用(表1-11)

接地电阻测试仪操作方法及说明　　　　　　表1-11

步骤	操作方法及说明	质量标准及记录
1.外观检查	(1)目视检查接地电阻测试仪功能按键状况良好。 (2)目视检查接地电阻测试仪显示屏完好。 (3)目视检查红绿测量线完好,并连接	□是否翻转检查外观 □打开电源按键,屏幕是否正常显示 □红绿测量线连接是否正确

续上表

步骤	操作方法及说明	质量标准及记录
1. 外观检查		
2. 校零操作	(1)将功能开关打到欧姆挡最小挡位(20Ω)。 (2)开路测试,让红、绿测量线保持断开,按下"TEST"键。 (3)观察显示屏上数值,显示为……Ω。 (4)短路测试,把红绿测量线短接在一起,按下"TEST"键。 (5)观察显示屏上数值,直到在某一最小值(0.00Ω)附近不再跳动为止	□挡位选择是否正确 □"TEST"功能键是否正常 □通过屏幕显示数值,判断校零是否正确
3. 实际测量	(1)打开接地电阻测试仪,选择欧姆挡最小挡位。 (2)确认被测部件的测量点(电机控制器接地螺栓)。 (3)红、黑、绿笔任意一端接触测量点,另外一端接触车身搭铁。	□挡位选择是否正确 □测量点连接是否正确

续上表

步骤	操作方法及说明	质量标准及记录
3.实际测量	(4)按下"TEST"键,观察显示屏上数值,直到在某一最小值附近(0.04Ω)不再跳动为止。 (5)整理复位	□通过屏幕显示数值,判断接地电阻数值是否正确

6. 钳形电流表的检查与使用(表1-12)

钳形电流表操作方法及说明　　　　　表1-12

步骤	操作方法及说明	质量标准及记录
1.外观检查	(1)钳形表各部位应完好无损。 (2)钳把操作应灵活。 (3)钳口铁芯应无锈、闭合应严密。 (4)铁芯绝缘护套应完好。 (5)若是指针式钳形表,指针应能自由摆动。 (6)挡位变换应灵活、手感应明显	
2.实际测量	以数字式钳形电流表为例: (1)估算被测电流大小,选择合适的量程。 (2)确定测量位置,测量位置必须是暴露的电线(有绝缘层的线测不出来)。 (3)移动电流表,摁住扳手打开钳口。 (4)使被测点线穿过互感器铁芯。 (5)读出显示屏上的电流数据	

7. 示波器的检查与使用(表1-13)

示波器的操作方法及说明 表1-13

步骤	操作方法及说明	质量标准及记录
1. 外观检查	(1)检查示波器外观,是否有破损、损坏。 (2)进行扫描电路稳定度、垂直放大电路直流平衡的调整	
2. 实际测量	(1)选择 y 轴耦合方式。根据被测信号频率的高低,将 y 轴输入耦合方式选择"AC-地-DC"开关置于AC或DC。 (2)选择 y 轴灵敏度。根据被测信号的大约峰值(如果采用衰减探头,应除以衰减倍数;在耦合方式取DC挡时,还要考虑叠加的直流电压值),将 y 轴灵敏度选择"V/div"开关置于适当挡级。 注意:实际使用中,如无须读测电压值,则可适当调节 y 轴灵敏度微调旋钮,使屏幕上显现所需要高度的波形。 (3)选择触发信号来源与极性。通常将触发信号极性开关置于"+"或"-"挡。 (4)选择扫描速度。根据被测信号周期的大约值,将 x 轴扫描速度"t/div"微调开关置于适当挡级。 (5)输入被测信号。被测信号由探头衰减后,通过 y 轴输入端输入示波器	

8. 气密性测试仪的检查与使用(表1-14)

气密性测试仪的操作方法及说明 表1-14

步骤	操作方法及说明	质量标准及记录
1. 外观检查	(1)检查气密性测试仪外观,是否有破损、损坏。 (2)检查是否有水和粉尘	
2. 实际测量	(1)使用前,应该准备好气源和电源。气密性检测仪通常情况下需要一台空气压缩机即可。24V电源直接连接插座。 (2)打开气密性检测仪的电源开关,将产品连接到测试器管上,或者将产品放置在工装治具中,在气密性检测仪上或工装治具上启动测试按钮,进行气密性检测。 (3)如果有大的泄漏,气密性检测仪在测试时会在短时间内发出声音报警	

四、评价反馈

评价表见表1-15。

评价表 表1-15

评分项目	评分标准	分值(分)	得分(分)
学习目标	能明确本任务的知识、技能、素养目标,理解任务在工作中的重要程度	5	
工作任务分析	能清晰描述完成本次工作任务内容	2	
	能清晰描述完成本次工作任务需必备的技能与知识点	2	
有效信息获取	能描述新能源汽车常规维护常用设备	5	
	能描述安全防护用具使用方法	5	
	能描述接地电阻测试仪使用方法	6	
	能根据绝缘测试仪的测试方法测试相关绝缘值	5	
实施方案制订	能清晰认知新能源汽车相关维护设备并填写本次设备使用的准备作业计划	5	
	能组织或协同工作小组成员,明确本次任务所需仪器设备、工具、材料的准备与清点,并准备记录	5	
	能组织或协同工作小组成员交流、优化检查方案并记录	5	
任务实施	能正确检查与使用新能源汽车安全防护用具	5	
	能正确使用故障诊断仪	5	
	能正确检查与使用绝缘测试仪	7	
	能正确检查与使用接地电阻测试仪	5	
	能正确检查与使用钳形电流表	5	
	能正确描述使用绝缘测试仪的意义	5	
	能正确描述使用接地电阻测试仪的意义	7	
任务评价	能通过本次任务实施,结合自己在实训过程中的表现,进行自我评价及自我反思并记录	3	
职业素养	按规定时间完成项目作业	2	
	遵守实训室管理规定、劳动纪律	2	
	积极参与课堂活动、回答问题	2	
	能够按时出勤	2	
思政要求	能独立实施8S、融入团队协作、提升职业素养	5	
总计		100	

改进建议:

教师签字:
日期:

习题

一、选择题

1. 以下不属于新能源汽车的是(　　)。
   A. 纯电动汽车　　　　　　　　B. 插电式混合动力电动汽车
   C. 液化石油气汽车　　　　　　D. 燃料电池电动汽车

2. 不属于纯电动汽车的部件是(　　)。
   A. 动力蓄电池　　B. 增程器　　C. 驱动电机控制器　　D. 驱动电机

3. 不属于新能源汽车性能参数的是(　　)。
   A. 最高车速　　　　　　　　　B. 续航里程
   C. 蓄电池能量密度　　　　　　D. 能量消耗量

4. 新能源汽车整车整备质量不包括(　　)。
   A. 动力蓄电池　　B. 备用轮胎　　C. 随车工具　　D. 驾驶人

5. 影响纯电动汽车续航里程的最主要因素是(　　)。
   A. 蓄电池比能量　　B. 蓄电池比功率　　C. 蓄电池电压　　D. 蓄电池荷电状态

6. 电动汽车上包含各种高压电气设备,良好的绝缘不仅保证电气设备和电力路线的正常运行,而且还能防止人们发生触电事故。在电动汽车中,蓄动力电池包的绝缘强度要大于(　　)V。
   A. 50　　　　B. 100　　　　C. 500　　　　D. 1000

7. 起动开关有四个挡位,其中转向盘解锁,个别电器和附件可以工作的是(　　)。
   A. LOCK　　　　B. ACC　　　　C. ON　　　　D. START

8. 变速杆的R挡是(　　)。
   A. 倒挡　　　　B. 空挡　　　　C. 前进挡　　　　D. 高速挡

二、判断题

1. 绝缘表主要分为绝缘电阻表和数字测试绝缘表两种。(　　)

2. 绝缘电阻表测量绝缘电阻前,不用进行短路试验,只需判断绝缘电阻表表针刻度是否准确。(　　)

3. 绝缘手套铭牌上有最大电压,电压值越小,手套越厚。(　　)

4. 钳形电流表不需要选择量程。(　　)

三、实操练习题

1. 绝缘检测仪正确操作方法是什么?

2. 接地电阻仪测量驱动电机接地电阻的方法是什么?

3. 使用钳形电流表时应注意什么?

4. 示波器初次使用或久藏复用时,应做哪些检查?

学习任务二
高压用电安全与急救

学习目标

1. 知识目标

(1)能够了解高压和低压的定义,能够识别高压系统。
(2)能够识别高压作业中影响安全的要素。
(3)能够掌握高压作业中的安全注意事项。
(4)能够掌握高压触电原理及防护作业理论知识。

2. 技能目标

(1)能够正确穿戴绝缘防护工具。
(2)能正确使用绝缘防护工具检测场地安全性。
(3)能正确使用绝缘防护工具检测车辆高压部件的安全性。
(4)能够掌握绝缘防护工具的规范操作。
(5)能够掌握车辆高压部件安全性的检测方法。

3. 素养目标

(1)培养学生的沟通协作能力和职业荣誉感。
(2)培养学生严谨的工作态度和工匠意识。
(3)培养学生的安全责任意识。

参考学时

10学时。

任务描述

学习进行新能源汽车检测与常规维护作业前,需进行高压用电安全与急救知识的培训,包括用电的基本概念、高压电与低压电的区分方法、高压用电警示标识使用方法、新能源汽车的主要安全隐患、触电急救的基本方法等,明确新能源汽车的特点,学习新能源汽车安全防护与急救的知识与技能,能够在车辆操作前完成新能源汽车维护操作的准备工作,并保证操作过程符合维护操作要求、安全规范。

学习活动1　高压安全检测与规范操作

一　明确任务

在高压维护中,为了防止高压安全事故发生,需要从业人员认识高压的定义与特点,学会正确识别高压电存在形式,了解高压触电形式,规范高压维护操作,掌握高压触电原理,并学会高压触电急救方法。

二　工作准备与计划制订

(一)知识准备

1. 电的基本概念

1) 电路基本概念

在原子中,围绕在原子核外面带负电荷的称为电子。电路是由电源、用电器、导线等连接组成的电流通道,分为闭合电路和开合电路。不经过负载的闭合电路称为短路。电子元器件在电路中的连接方法有串联和并联两种基本形式。

2) 电相关知识定义

电压:也称作＿＿＿＿＿＿,是衡量单位电荷在静电场中由于电势不同所产生的能量差的物理量。其大小等于单位正电荷因受电场力作用从 A 点移动到 B 点所做的功,电压的方向规定为从高电位指向低电位的方向。电压的国际单位制为＿＿＿＿＿,常用的单位还有＿＿＿＿＿、＿＿＿＿＿、＿＿＿＿＿等。此概念与水位高低所造成的"水压"相似。需要指出的是,"电压"一词一般只用于电路当中,"电势差"和"电位差"则普遍应用于一切电现象当中。

电流:电源的电动势形成了电压,继而产生了电场力,在电场力的作用下,处于电场内的电荷发生定向移动,形成了电流。每秒通过1C 的电量称为 1＿＿＿＿＿。安培是国际单位制中所有电性的基本单位。除了 A,常用的单位有＿＿＿＿＿、＿＿＿＿＿、＿＿＿＿＿,$1A = 1000mA = 1000000\mu A$。电学上规定:正电荷定向流动的方向为电流方向。金属导体中电流微观表达式 $I = neSv$,n 为单位体积内自由电荷数,e 为电子的电荷量,S 为导体横截面积,v 为电荷速度。

电阻:电荷在导体中运动时,会受到分子和原子等其他粒子的碰撞与摩擦,碰撞和摩擦的结果形成了导体对电流的阻碍,这种阻碍作用最明显的特征是导体消耗电能而发热(或发光)。物体对电流的这种阻碍作用,称为该物体的电阻。

2. 高压电与安全电压

1）定义与特点

（1）国网系统：高压电指配电线路交流电压在_____以上或直流电压在_____以上的电。低压电是指交流电压在_____以下,或直流电压在_____以下的电。高低压的区别以电气设备的对地电压值为依据,高压电气设备：对地电压在_____以上者；低压电气设备：对地电压在_____以下者。

（2）电动汽车：按国家标准《电动汽车安全要求》(GB 18384—2020)的规定,定义高电压的标准是直流_____、交流_____以上。在新能源汽车中,低压通常指_____电源系统的电气线路,而高压主要指动力蓄电池、高压电器及相关线路的电压。

2）高压线路特点

（1）特点：高压电一般设计在200V以上,高压存在的形式既有直流,也有交流。例如,电动汽车动力蓄电池是直流；充电时_____电网是交流电；电动机工作时也是采用三相交流电。

（2）安全电压概念：安全电压指人体较长时间接触而不发生触电危险的电压。安全电压为交流不超过36V,直流不超过50V。一般环境条件下允许持续接触的安全特低电压是24V,安全电流为10mA；干燥而触电危险性较小的环境下,安全电压规定为24V；对于潮湿而触电危险性较大的环境（如金属容器管道内施焊检修）,安全电压规定为12V。

（3）人体安全电压：目前国家标准对安全电压的定义为直流_____以下,交流_____以下。在电网中,一直认为36V是人体安全电压。但是在高电压的新能源汽车中,这个电压值并不是科学的主要原因是：人体的电阻会存在个体差异性,根据环境因素的不同,人体电阻也会有区别。通过欧姆定律可以计算出通过人体的电流,如在300V的电压下电流流过人体,通常人体的电阻为1kΩ,根据公式计算电流 $I = U/R =$ _____,即_____,这个电流值在心脏处连续通过10～15s就会致命。

3）常见触电形式

（1）直接触电。

①单相触电：当人站在地面上或其他接地体上,人体的某一部位触及一相带电体时,电流通过人体流入大地（或中性线）,称为单相触电。

②两相触电：指人体两处同时触及同一电源的两相带电体,形成回路导致触电。两相触电加在人体上的电压为线电压,其触电的危险性最大。

（2）间接触电。

①接触电压触电：运行中的电气设备由于绝缘损坏或其他原因造成漏电,当人触及漏电设备时,电流通过人体和大地形成回路,造成触电。

②跨步触电：当带电体触地时有电流向大地流散,在以接地为圆心,半径为_____的圆面积内形成分布电位。人站在接地点周围,两脚之间电位差称为跨步电

压,由此引起的触电事故。

3. 高压绝缘性

定义:在强电作用下,绝缘物质可能被击穿而丧失其_____。气体绝缘物质与液体绝缘物质被击穿后,一旦去掉外界因素(强电场),即可自行恢复其应有的电气绝缘性能;而固体绝缘物质被击穿后则不可逆地完全丧失了其电气绝缘性能。因此,电气线路与设备的绝缘选择必须与_____相配合,而且须与使用环境及运行条件相适应,以保证绝缘的安全作用。此外,由于腐蚀性气体、蒸汽、潮气、导电性粉尘以及机械损伤等原因,均可能使绝缘物质的绝缘性能降低甚至破坏。而且,日光、风雨等环境因素的长期作用,也可以使绝缘物质老化而逐渐失去其绝缘性能。

分类:一般情况下,新装或大修后的低压线路与设备,其绝缘电阻不应低于_____;运行中的低压线路与设备,其绝缘电阻不应低于_____;在潮湿场合下的设备线路,其绝缘电阻不应低于_____,控制线路的绝缘电阻一般不应低于_____,而高压线路与设备的绝缘电阻一般不应低于_____。

4. 个人安全防护

1) 绝缘手套的要求与规格

定义:在高压电气设备上进行带电作业时,能起与电气绝缘作用的一种手套。

要求:具有良好的电性能(1000V 以上)、较高的机械性能、良好的耐劳性及耐热性。

等级划分:按适用电压等级共分为 5 级,即_____,其适用电压分别为 380V、3000V、_____、20000V、35000V。

标记符号、使用电压等级/类别、制造单位或商标、规格型号、周期试验日期栏、检验合格印章、贴有经试验单位定期试验的合格证等信息。

2) 绝缘手套的使用方法

(1) 每次使用前,应检查绝缘手套在有效预防性试验周期内。

(2) 绝缘手套使用前应先进行外观检查,外表应无磨损、破漏、划痕等。

(3) 绝缘手套使用前要进行漏气检查,检查方法是将手套朝手指方向卷起,当卷到一定程度时,手指若鼓起,不漏气者,即为良好。

(4) 将_____套入手套筒口内,同时注意防止尖锐物体刺破手套。

3) 绝缘手套注意事项

(1) 若一双手套中的一只可能不安全,则这双手套不能使用。

(2) 使用最佳温度范围为 -25 ~ +55℃。

(3) 绝缘手套使用后应进行清洁、擦净、晾干,并应检查外表良好。

(4) 手套被弄脏时,应用肥皂和水清洗,彻底干燥后涂上滑石粉,避免粘连,及时存放在工具室。

(5) 绝缘手套应架在支架上或悬挂起来,且不得贴墙放置。

(6) 绝缘手套应每月进行一次外观检查,做好检查和使用记录。

5.常见绝缘维修工具的认知

1)高压绝缘开口扳手认知

高压绝缘开口扳手是一种常用的安装与拆卸工具,扳手通常用碳素结构钢或合金结构钢制造,它是利用杠杆原理拧转螺栓、螺钉及螺母的开口或_____的手工工具,扳手通常在柄部的一端施加外力就能拧转螺栓或螺母的开口、套孔。扳手的开口处标有型号大小,选用开口扳手时要根据螺栓大小的尺寸来确定合适的型号。进行螺栓的拆卸时,一只手握住开口扳手与螺栓连接处,另一只手握住手柄沿着螺纹旋转方向在外柄部施加压力。在施加外力时通常采用拉动扳手的方法而不采用推动的方式,这样可以有效地保护操作者不因突然失去平衡而受伤。

2)高压_____的认知

高压_____是电工常用工具之一,又称"斜口钳",主要特点是防静电功能、静电缓释功能。对于精密敏感的电子器件,使用该工具进行作业,能更好地保护电子器件的性能。高压_____最大耐压为_____,有钳子的一侧有明显的凹口,钳子另外一侧有微小开口,主要用于剪切导线元器件多余引线,有时也用于剪切绝缘套管、_____等。

3)高压绝缘活动扳手认知

活动扳手简称"活扳手",其开口宽度可在一定范围内调节,是用来紧固和起松不同规格的螺母和螺栓的一种工具,由固定端、活动端和滚动轴组成,通过调节滚动轴来调节开口的大小。

4)高压绝缘梅花扳手的认知

高压绝缘梅花扳手具有耐磨损、耐高压等优点,一般在梅花扳手的套筒处标有型号大小,梅花扳手两端或一端呈花环状,大部分梅花扳手都有弯头,常见的弯头角度在10°~45°之间,从侧面看旋转螺栓部分和手柄部分是错开的。

(二)制订工作方案

1. 任务分工(表2-1)

学生任务分配表　　　　表2-1

班级		组号		指导老师	
组长		任务分工			
组员1		任务分工			
组员2		任务分工			
组员3		任务分工			
组员4		任务分工			
组员5		任务分工			
组员6		任务分工			

2.工量具、仪器设备与耗材准备

(1)使用的工量具有:_____。

(2)使用的仪器设备有:_____。

(3)使用的耗材有:_____。

3.具体方案描述

_____
_____
_____
_____
_____

三 计划实施

(一)安全注意事项及技能要点

1.安全注意事项

(1)不能佩戴首饰、钥匙,不能披长发。

(2)正确检查及佩戴安全防护用具。

(3)正确使用绝缘测试仪。

(4)正确使用举升机。

(5)正确进行高压断电。

2.技能要点

(1)正确使用高压检测工具。

(2)正确读取高压故障数据。

(3)正确拆卸高压连接器。

(4)正确规范的进行高压安全检测。

新能源汽车高压操作安全防护

(二)高压安全检测与规范操作

1.防护工具的识别与检查(表2-2)

防护工具名称及作用　　　　　　　　　　表2-2

步骤	图示	名称及作用
高压防护用品认知		名称:_____。 注意事项:_____ _____ _____ _____

续上表

步骤	图示	名称及作用
高压防护用品认知		名称：_____。 注意事项： _____ _____ _____ _____ _____
		名称：_____。 注意事项： _____ _____ _____ _____ _____
		名称：_____。 注意事项： _____ _____ _____ _____ _____

2. 场地安全性检查参数记录（表2-3）

场地安全性检查及记录　　　　　　　　　　表2-3

步骤	操作方法及说明	质量标准及记录
1. 作业准备场地准备及安全防护	（1）安装车轮挡块、设置隔离栏和警示牌。 （2）检查绝缘手套、护目镜、安全帽并记录。 （3）穿戴绝缘鞋（进入工位前提前穿戴好）。 （4）检查工具套装（绝缘检测仪、万用表、绝缘垫）	绝缘手套耐压等级：_____ 水基灭火器压力值：_____ □正常　□异常 绝缘测试仪及表笔线束过压等级：_____ □正常　□异常 万用表及表笔线束过压等级：_____ □正常　□异常

续上表

步骤	操作方法及说明	质量标准及记录
2.场地绝缘检查	两名同学相互配合,A同学手拿绝缘测试仪,B同学手拿绝缘测试仪表笔,对绝缘垫的绝缘线进行检测	记录绝缘垫四点的绝缘阻值; ①_____ ②_____ ③_____ ④_____

3.警示及高压标识检查(表2-4)

警示及高压标识识别及检查　　　　　　　　　　表2-4

步骤	连接器识别及检查	质量标准及记录
1.警示标识识别	(1) (2)	(1)表示的含义为: _____ _____。 (2)表示的含义为: _____ _____。 警线及警示标签是否完好? □是　□不是
2.高压标识识别	(1)	(1)表示的含义为: _____ _____。

续上表

步骤	连接器识别及检查	质量标准及记录
2.高压标识识别	(2) 高压 High Voltage To help avoid burns or electric shock: -service by qualified personnel only -disconnect high voltage connector prior to service 有助于避免灼伤和触电： -有资质人员才可维修 -维修前须先断开高压插件	(2)表示的含义为： _____。 警告标签是否完好？ □是　□不是

4. 前机舱及底盘高压连接器识别（表2-5）

前机舱及底盘高压连接器识别及检查　　　　　表2-5

步骤	连接器识别及检查	质量标准及记录
前机舱高压连接器识别	(1) (2)	(1)图示高压部件为： _____。 连接是否正常？ □正常　□不正常 (2)图示高压部件为： _____。 连接是否正常？ □正常　□不正常

47

续上表

步骤	连接器识别及检查	质量标准及记录
前机舱高压连接器识别	（3） 	（3）图示最左边高压部件为： _____。 连接是否正常？ □正常　□不正常 图示中间高压部件为： _____。 连接是否正常？ □正常　□不正常 图示最右边高压部件为： _____。 连接是否正常？ □正常　□不正常
底盘高压连接器识别		（1）图示最下边高压部件为： _____。 连接是否正常？ □正常　□不正常 （2）图示最上边高压部件为： _____。 连接是否正常？ □正常　□不正常

5. 高压连接器的正确拆装方法（表2-6）

高压连接器操作及记录　　　　　　　表2-6

步骤	操作方法及说明	质量标准及记录
防护用品穿戴	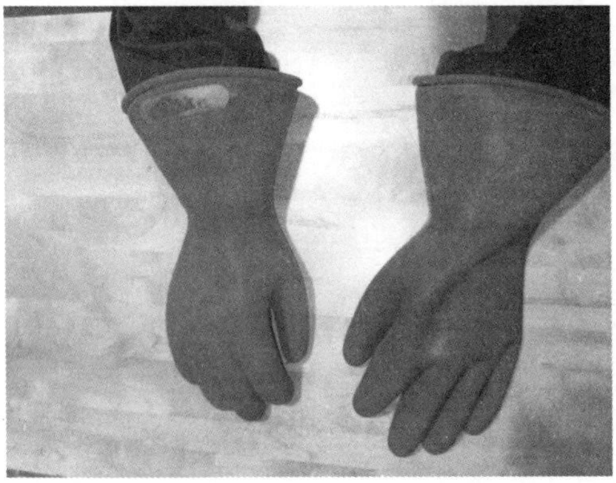	如图所示正确的操作为： _____ _____ _____ _____

续上表

步骤	操作方法及说明	质量标准及记录
解除锁扣	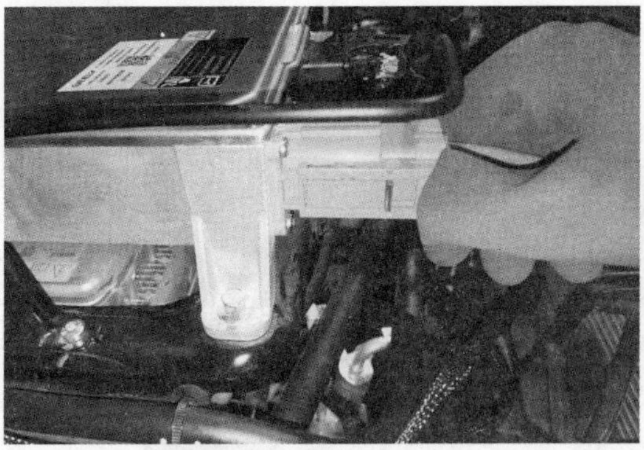	如图所示正确的操作为：_____。
按下锁片	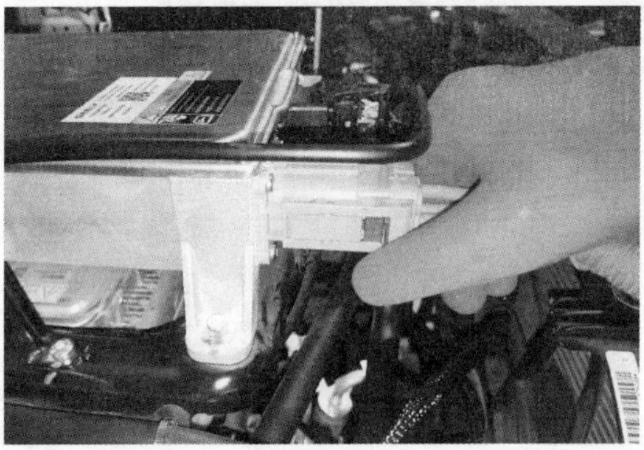	如图所示正确的操作为：_____。
拔出高压连接器	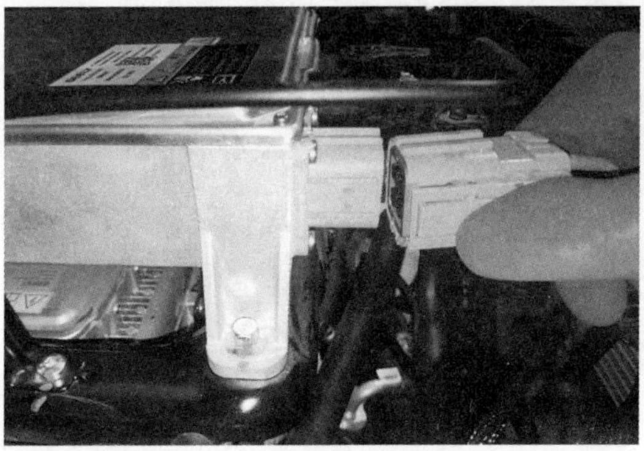	如图所示正确的操作为：_____。

6. 前机舱及底盘高压部件的识别(表2-7)

前机舱及底盘高压部件的识别　　　　　表2-7

步骤	高压部件图示	图示内容
前机舱高压部件识别		(1) ＿＿＿＿＿＿＿＿＿＿＿＿＿＿＿＿＿＿＿＿＿＿＿＿。 (2) ＿＿＿＿＿＿＿＿＿＿＿＿＿＿＿＿＿＿＿＿＿＿＿＿。 (3) ＿＿＿＿＿＿＿＿＿＿＿＿＿＿＿＿＿＿＿＿＿＿＿＿。 (4) ＿＿＿＿＿＿＿＿＿＿＿＿＿＿＿＿＿＿＿＿＿＿＿＿。

7. 高压断电及验电正确操作(表2-8)

高压断电及验电正确操作　　　　　表2-8

步骤	操作方法及说明	质量标准及记录
确认点火开关是否关闭	 关闭点火开关,将钥匙放置在一个安全区域,通常应该远离被维护车辆	检查仪表状态: 仪表是否正常点亮? □点亮　□未点亮

续上表

步骤	操作方法及说明	质量标准及记录
断开低压蓄电池负极	找到低压蓄电池,断开蓄电池负极,并固定接地线,以防止端子移动回蓄电池负极端子	试着按下喇叭及车内灯光、喇叭及灯光能否正常工作? □正常 □不正常
断开维修开关	手动拉开维修开关锁销	维修开关断开的正确步骤: _____ _____ _____ _____ _____
拆下前机舱直流母线插头	按照标准拆卸高压连接器方法,拆卸直流母线插头,静置等待5min	检查直流母线连接器表面是否有烧蚀、异物。 □正常 □不正常 断开连接器后是否等待5min? □是 □不是

续上表

步骤	操作方法及说明	质量标准及记录
用万用表检测高压是否断电成功	用万用表检测直流母线端 HV + 与 HV - 的电压。红表笔接 HV +，黑表笔接 HV -	测量 HV + 与 HV - 电压为：_____ 是否正常？ ☐ 正常　☐ 不正常

四 评价反馈

评价表见表2-9。

评价表　　　　　　　　　　　　表2-9

评分项目	评分标准	分值(分)	得分(分)
学习目标	能明确本任务的知识、技能、素养目标,理解任务在工作中的重要程度	5	
工作任务分析	能清晰描述完成本次工作任务内容	2	
	能清晰描述完成本次工作任务需必备的技能与知识点	2	
有效信息获取	能描述心高压电与低压电的区分方法(含电的基本概念)	8	
	能说出高压用电警示标识使用	5	
	能描述新能源汽车高压部件特点及断电操作方法	5	
	能正确使用相关工具设备	5	
实施方案制订	能清晰地制订并填写本次作业计划	5	
	能组织或协同工作小组成员,明确本次任务所需仪器设备、工具、材料的准备与清点,并准备记录	5	
	能组织或协同工作小组成员交流,找出不足的操作子项	5	
任务实施	绝缘手套密封性检查	5	
	安全防护用具使用方法	5	
	绝缘垫绝缘性检测	5	

续上表

评分项目	评分标准	分值(分)	得分(分)
任务实施	高压插头拔插正确操作	5	
	高压断电正确操作、高压验电数据记录	5	
	能正确完成8S管理	5	
	能正确不间断完成操作	7	
任务评价	能通过本次任务实施,结合自己在实训过程中的表现,进行自我评价及自我反思并记录	3	
职业素养	按规定时间完成项目作业	2	
	遵守实训室管理规定、劳动纪律	2	
	积极参与课堂活动、回答问题	2	
	能够保护仪器设备安全	2	
思政要求	有安全意识,有团队协作精神	5	
总计		100	

改进建议:

教师签字:
日期:

学习活动2　汽车高压电安全事故与应急救援

 明确任务

(一)学习任务

通过本活动内容的学习,要知道事故类型、电压等级的划分、事故等级的划分等相关专业知识。

(二)学习场景

赵同学毕业后在一家汽车4S店面试,行政官为了摸底赵同学所学知识的全面性

和专业水平,给赵同学出示了面试题:

(1)请说出吉利 EV450 动力蓄电池的额定电压是多少。

(2)请说出交流电的人体安全电压值。

(3)某厂工人在操作吉利 EV450 动力蓄电池时,因为违规操作,造成在场的 2 名员工和 1 位客户当场死亡,另 6 名员工受轻伤,该厂直接经济损失 366 万元。请阐述此交事故应如何定级。

(4)假如你在工作中操作电气设备,你打算从哪些方面避免安全事故?

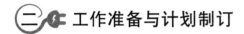 工作准备与计划制订

(一)知识准备

1. 汽车事故类型

随着汽车的不断发展,汽车各系统都有了很大的改进,这些改进主要体现在产品质量和寿命、零部件外观、产品或系统的功能、产品的成本、产品的安全性和可靠性上。这些改进,很大程度上都伴随着电气系统同步升级,从而达到如今各个系统都电气化、智能化、协同化、整体化的水平。

最近 20 年,整个汽车行业都发生了质的变化。随着国际能源的供应日趋紧张,汽车产业也被迫进行了改型换代,由传统内燃机向新能源动力转变,新能源汽车中又以电动汽车占据主导地位。电动汽车主要是以动力蓄电池作为能量源,向汽车驱动系统提供动力,将动力蓄电池的电能转换为机械能,驱动汽车行驶。

汽车在使用和维护过程中,难免会发生一些事故,本章节主要讲解由电所产生的事故。表 2-10 为传统汽车事故类型说明。

传统汽车事故类型　　　　　　　　表 2-10

事故属性	事故零部件	事故类型	造成影响
非电气	转向机构	转向失灵	可能引发交通事故
	制动器	制动失灵	可能引发交通事故
	轮胎	轮胎爆裂	可能引发交通事故
电气	安全气囊	非正常展开	可能炸伤乘员
	蓄电池	电解液渗漏	可能腐蚀车身
		电路自燃	可能损坏车辆

电动汽车除了具备传统汽车的基本功能系统外,最大的区别是"三电"系统的部件,其电气部件也有可能产生事故。表 2-11 为电动汽车的事故类型说明。

电动汽车事故类型　　　　　　　　　　　　表 2-11

事故属性	事故零部件	事故类型	造成影响
电气	低压蓄电池	电解液渗漏	可能腐蚀车身
		电路自燃	可能损坏车辆
	动力蓄电池	电解液渗漏	可能腐蚀车身
		冒烟	可能危及乘员安全
		起火	可能损坏车辆和危及乘员安全
		爆炸	可能损坏车辆和危及乘员安全

2. 事故定义

事故的种类有很多,在我们身边,往往会发生各种各样、各行各业的事故。事故是指已经出现或显现的事件,如工程事故、设备事故、交通事故等。

广义的事故定义:_____
_____
_____。

交通事故:车辆在道路上因过错或者意外造成的人身伤亡或者车辆财产损失或其他财产间接损失的事件。其中,车辆包括机动车和非机动车,但并非所有的车辆发生的人身伤亡或者财产损失都可以称为交通事故,必须是发生在公路、城市道路和虽在单位管辖范围但允许社会机动车通行的地方。

汽车高压安全事故定义:_____
_____。

3. 电压划分

对大部分人来说,接触最多的是民用电电压,根据电力部门相关规范,我国民用电的供电额定电源电压是交流 220V、50Hz,但实际测量时,其电压值往往会有浮动,电力规范也有相应的电压波动等级,如 A 级、B 级、C 级等。民用供电电压,不是全球统一的,其他国家或地区会有自己不同的供电电压,如东亚和东南亚一些国家或地区,其供电的额定电压为 110V,其电压压频率也与我国的规定不一样。

再往大,较常见的就是 380V 的工业用电电压,其电压接近民用电的两倍,所以人们常常称为"高压电"。380V 的电压,最末端的用电器主要是机器设备,如工厂里的电动机、控制柜、举升机等,但民用照明几乎不用这类电压。

汽车上的电压,较为常见的电压是 12V 电压,因为在传统汽车 100 多年的发展历程中,其供电的蓄电池额定电压是 12V。由于汽车上的电路绝大多数都是并联状态,这使得传统汽车上很多地方的电压都是 12V。当然,12V 也是其额定的理论值,实际测量,实际供电电压也是有波动的,一般情况在($12V \pm 0.5V$)之间。

但随着近年国际原油资源的日渐紧缺,加上传统汽车的尾气排放问题严重威胁地球的环保安全,使全球二氧化碳气体排放量不断增加,国际汽车协会、国际环保组织乃至 G7 和 G20 国峰会这样的重要会议,联合国大会等大型国际会议上都会提到全球气候问题,都会把节能减排,特别碳排放量问题纳入讨论议题。近些年,全球各国,特别是大国纷纷带头,积极主动地承诺实现减少碳排放的目标并付诸行动。传统的汽车,主要以内燃机为动力源,为整车行驶提供动力,但尾气排放量却很大,加上汽车逐渐走入家庭,使全球汽车保有量大幅增加,汽车尾气排放问题就变得更加严重。因此,新能源汽车应运而生,其市场占有率不断在提高。

新能源汽车与传统汽车的车身附件等系统区别不是很大,差异最大的是动力及驱动系统。传统汽车以油箱、发动机、变速器为主要部件,而新能源汽车直接省略掉了以上部件,改而由动力蓄电池、驱动电机配以控制部件实行电动汽车的能量供应和动力驱动。这种转变主要依赖于动力蓄电池这个核心部件。动力蓄电池的额定电压很高,大多数的车达 300 多伏,例如吉利汽车,而有的汽车动力蓄电池的额定电压高达 600 多伏接近 700V,如比亚迪的部分车。

600 多伏的电压,相对于传统汽车的电压 12V,比人体所能承受的安全电压提高数十倍。表 2-12 为人体安全电压值。

人体安全电压值　　　　表 2-12

序号	电压性质	人体安全电压(V)	序号	电压性质	人体安全电压(V)
1	交流	≤36	2	直流	≤60

表 2-13 为电压等级划分。

电压等级划分　　　　表 2-13

序号	电压类别	等级划分要求
1	低压	低压≤1000V
2	中压	1000V < 中压≤35kV
3	高压	35kV < 高压≤220kV
4	特高压	220kV < 特高压≤1000kV
5	超高压	超高压 > 1000kV

从表 2-13 中可以清楚地看出,不大于 1000V 的电压,都属于低压电,人们常常把 380V 的电称为高压电是不太确切的,它还属于低压电范畴。如今,各行各业都重视安全生产,很多行业都要求持证作业,如汽车主机厂的技术科组织售后服务特约维修站维修人员进行电动汽车相关技术培训时,都要求所派人员必须持有特种作业低压电工证。

人们常常见到的 380V 电压的电,应该称其为动力电,不要称其为高压电。虽然纯电动汽车的电压都是属于低压电等级之内,但是它却远高于人体所能承受的安全电压值。

传统汽车的蓄电池不会对人体造成触电伤害,不会造成生命危险,但新能源汽车动力蓄电池对人体的伤害很大,其主要表现见表2-14。

动力蓄电池对人体的伤害 表2-14

序号	受伤部位	表现	序号	受伤部位	表现
1	人体表面	皮肤烧伤	2	人体内部	触电伤亡

4. 事故等级划分

传统汽车在静止状态下,极少出现造成人体安全事故的情况,就算出现,也都是个例,都是小事故。但新能源汽车不一样,因为有很高电压的蓄电池存在,蓄电池在静止状态下电压也是存在的,极有可能产生多人同时伤亡的情况。这是因为人的电阻不大,且具有传导电的能力,因此会让所有有身体接触的人产生同时触电的情况。表2-15所示为事故等级划分情况(事故三项数据中,以级别最大者定性事故等级,例如某事件造成死亡人数为0人,重伤13人,直接经济损失1.3亿元,则此事件应定为特别重大事故)。

事件等级划分情况 表2-15

事故类别	死亡人数	重伤人数	直接损失
一般事故	人数<3人	人数<10人	损失<1000万元
较大事故	3人≤人数<10人	10人≤人数<50人	1000万元≤损失<5000万元
重大事故	10人≤人数<30人	50人≤人数<100人	5000万元≤损失<1亿元
特别重大事故	人数≥30人	人数≥100人	损失≥1亿元

5. 电对人体的伤害

人体本身是有一定电阻的,人体的电阻大致呈_____的整体趋势。人体的电阻不尽相同,因个体差异略有不同,其阻值在3000~8000Ω之间。但是随着电压的增加,当电压超过人体所能承受的安全电压后,就会对人造成不同程度的伤害。电对人体的伤害程度取决于很多因素,见表2-16。

决定触电危害程度的因素 表2-16

序号	因素	序号	因素
1	电流大小	4	触电时间长短
2	电压大小	5	电流流过人体的途径
3	人体电阻大小	6	电压频率

以上因素,是在其他因素相同的情况下,比较某一个单一因素得出的,如果多个因素都是不相等的变量,则没有可比性。

6. 人体触电的表现

通过人体的电流越大,人体的生理反应越明显,感觉越强烈,引起心室颤动的时间越短,致命的危害就越大。根据通过人体的电流大小,可分为感知电流、摆脱电流、致命电流。

感知电流:_____的最小电流。

摆脱电流:_____

_____。

致命电流:_____。

表2-17为不同电流对人体的影响。

不同电流对人体的影响 表2-17

序号	电流(mA)	交流电(50Hz)表现	直流电表现
1	0.5~1.5	有感觉,手感微麻	无感觉
2	1.8~3	手颤抖,强烈麻感	无感觉
3	4.5~10	手痉挛,刺痛,勉强能摆脱带电体	感觉痒,灼热
4	20~25	手迅速麻痹,不能摆脱带电体,呼吸困难	手部轻微痉挛
5	50~80	呼吸麻痹,心室开始颤动	手部痉挛,呼吸困难
6	90~100	呼吸麻痹,心脏麻痹,心室颤动	呼吸麻痹

室颤电流:_____。电流致死的主要原因大都是电流引起心脏颤动而造成的,因此,通常把引起心脏颤动的电流称为致命电流。

人体心脏在正常情况下,每分钟跳动60~120次,在心室颤动状态下,心脏每分钟颤动500~800次,振幅很小,且没有规则,一旦发生室颤,数分钟就会危及生命。电流直接流过心脏或通过神经系统中枢的反射作用,都可以产生室颤电流。

7. 人体触电后的应急处理

人体触电后,按其轻重程度,可大致归纳为三类:①表现最轻危的,只是受到惊吓,身体并无大碍;②仅是皮肤接触电表皮受伤,影响不大,神志清醒,动作正常灵活;③当场死亡,或者甚至触电者身体当场发生冒烟燃烧。除了以上三种情况,就是需要采取应急措施的范畴,如触电者昏迷、不能睁眼、不能说话、不能动作,但尚有呼吸和心跳;或者再严重一些,如触电者昏迷、不能睁眼、不能说话、不能动作,但有心跳没有呼吸;最严重时,不仅处于昏迷状态,也没有呼吸也没有心跳。人体触电后的几种状态见表2-18。

人体触电后的几种状态 表2-18

序号	程度	表现	处理
1	轻微	受惊吓,皮肤烧伤或灼伤,神志清醒	稍作休整,无需处理
2	严重	昏迷,停止呼吸,停止心跳	需要应急处理再配合治疗
3	灾难	直接当场死亡甚至燃烧	应急处理意义不大

从表 2-18 可以看出,所谓高压安全事故应急处理,只针对表中第二种情况,第一种情况不需要处理,而第三种情况处理也没有意义。

人体触电后,首先是要确定触电者是否已经脱离了带电体,如果没有脱离带电体,那第一步应该是断电或者让触电者与带电体分离,如果是生产生活中的_____电源,则首先找到电源开关,如果是陌生环境找不到电源开关或离电源开关较远,则采取拖离的方式使人脱离电源;如果是发生新能源汽车电源触电,则最好的办法是采取拖离的方式使触电者与电源分离。拖离时,严禁徒手拉触电者,要用专用的绝缘拉钩,如图 2-1 所示,然后将人移动到通风良好的宽阔地带,将触电者平躺放置。

图 2-1 绝缘拉钩

触电者躺平后,需要立即对其状态进行检查,判定其处于哪一种危害程度,按表 2-19 进行检查。

触电者检查及处理　　　　　　表 2-19

序号	检查项	状态	应急处理方式
1	神志,听觉,呼吸情况,脉搏情况	无听觉,正常呼吸,有脉搏	保持良好通风,平躺休息
2		无呼吸,但脉搏正常	进行人工呼吸,_____
3		无呼吸,也没有脉搏	进行_____

人工呼吸和_____是有一定区别的:心肺复苏包括人工呼吸与胸外按压,所以人工呼吸只是心肺复苏中的一个环节,心肺复苏中的胸外按压主要作用是恢复触电者血液循环,而人工呼吸的主要作用是恢复其通气。人的心脏和肺连接在一起,当心脏收缩时动脉血会扩散到人体的重要脏器,给重要脏器供血、供氧;当静脉血到达人体的肺动脉后,会与肺中的氧气结合,重新变为动脉血后,给重要脏器供血、供氧。

当发生心跳骤停、心源性猝死时,人体的心脏和肺都不能进行正常工作,此时需要通过心肺复苏来恢复血流和氧气供应。心肺复苏的主要过程是先进行有效的胸外按压,在胸外按压的过程中挤压心脏,以替代心脏本身的泵血功能,同时需要进行人工呼吸,以满足供氧的需要。施救者通过口将一定的氧气呼给患者,可以恢复患者肺部的供氧,肺部恢复供氧后,静脉血才能与肺中的氧气进一步结合,使静脉血变为动脉血后,在胸外按压过程中,动脉血被挤压给重要脏器继续供血、供氧。

心肺复苏是需要持续进行的,但是操作时是交替进行,先进行胸外有效按压 30 次之后,再立即进行 2 次人工呼吸,以确保有效地恢复患者的血液循环和通气。经过正规的心肺复苏后,大部分心源性猝死和呼吸心跳骤停的人群,可以恢复心跳和呼吸。

8. 人体触电应急处理流程

人体触电应急处理流程见表2-20。

人体触电应急处理流程　　　　表2-20

步骤	操作方法及说明	要点及注意事项
第一步：发现确认有人触电		□触电人员身上或身边有电线或电气设备 □人员处于非正常站立状态 □触电人员处于静止状态，不能正常讲话，失去听觉
第二步：拉开电匣或切断电源		□断开主电源，阻止电荷进入人体
第三步：选择绝缘工具或物体将触电人员身上的电线挑开		

续上表

步骤	操作方法及说明	要点及注意事项
第四步：将触电人员移动到平整通风良好的地面上	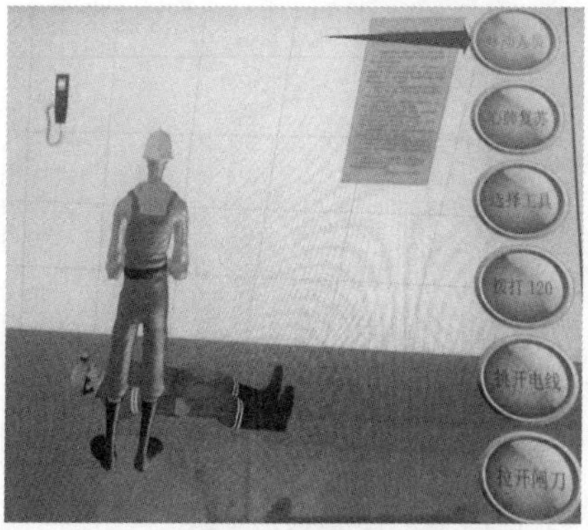	
第五步：视情况采取心肺复苏	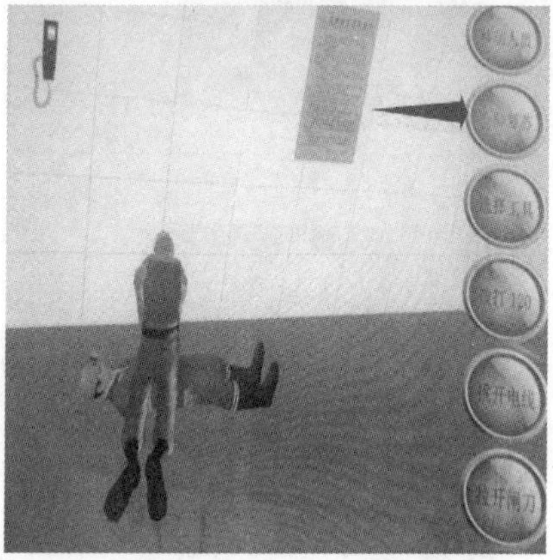	
第六步：打急救电话寻求救援	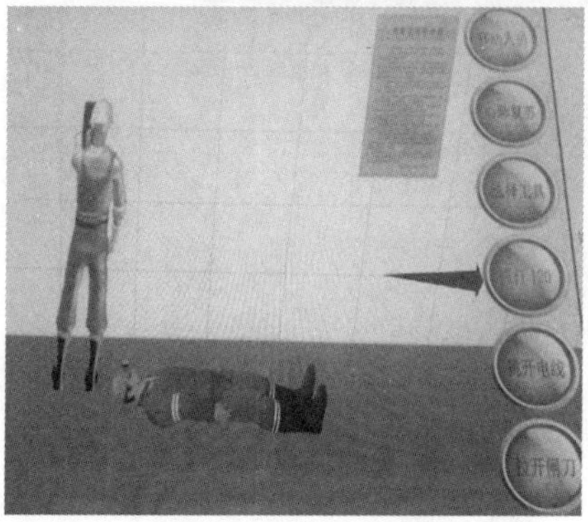	□如果现场还有其他人在场时，可以在发现有人触电时就分工由另一个人拨打救援电话

  当然，此流程是单人操作的情况，倘若现场有两人在场，那另外一个人可以协助参与施救过程。可以同时进行施救和拨打救援电话，这会大幅提高应急处理的施救成功率。

9. 心肺复苏的操作方法

  心肺复苏的操作方法见表2-21。

心肺复苏的操作方法 表 2-21

步骤	操作方法及图示说明	要点及注意事项
第一步:让触电者平躺在水平地面上,查看触电者口腔中是否有异物,如果有异物,应第一时间取出		□检查口腔异物主要是针对室外触电,触电者正面倒地会导致杂物进入口腔,而室内触电基本上不会有此情况
第二步:解开触电者外衣,脱掉鞋子,解开皮带 第三步:摆正触电者头部,让口腔垂直向上,把后颈部垫上垫子,使其口腔处于张开状态	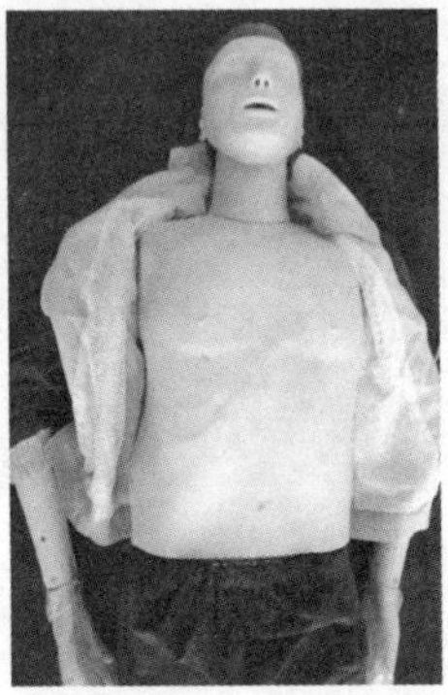	□触电者的后颈下垫高一点,保持额头往后扬,口垂直向上
第四步:从触电者的最下面一根肋骨往上,找到第三根肋骨的位置,并用手掌垂直按压,以 60～90 次/min 的频率进行按压;连续按压 30 次	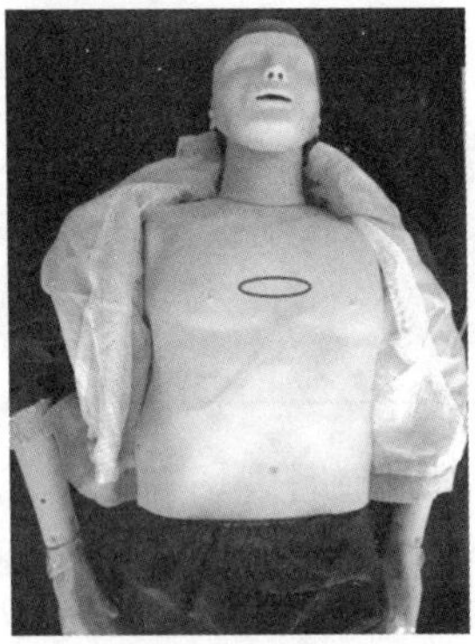	□按压要注意用力适中,按压频率也要接近心率

续上表

步骤	操作方法及图示说明	要点及注意事项
第五步:一只手捏住触电者鼻子,深吸满新鲜空气,往其口腔内吹气,吹完一口气后,重新吸气后再一次往其口腔内吹气		□吹气时要根据触电者的体格而适当调整力度,体格大的、体胖的吹气力度要大,反之则小

按第五步的两次吹气后,再重复第四步和第五步循环操作。如果是非专业医务人员在进行应急处理,则要一直不断地进行心肺复苏操作,不要自认为触电者没有苏醒过来,就妄加定论触电者已经死亡从而停止操作;应持续进行,待专业救护人员或医生到场时,再交给他们进行应急处理。应急处理的心肺复苏操作是很消耗体力的,如果现场有多名人员在场,可以轮流执行第四步和第五步操作,体力充足时吹入的气量才够,应急处理的效果才好,触电者转危为安的概率也能提高许多。

10. 应急处理的紧迫性

高压电安全事故应急处理讲究的是速度,此时,时间就是生命,一旦发生高压电安全事故,人员没有当场死亡,则要果断迅速有条不紊地正确采取相关处置措施进行应急处理,这要求相关人员都要熟知以上操作流程。据相关国际统计数据,人触电后,在1min之内开始心肺复苏操作,则触电者有90%的概率能成功救护;如果触电后6min才开始执行心肺复苏操作,则触电者被救护的概率只有10%。因此,要在1min之内,将电源断开,人员移到躺平,摆正身体、脱掉外衣、解开皮带,开始做心肺复苏操作。

(二)制订工作方案

1. 任务分工(表2-22)

学生任务分配表　　　　　　　　　　　　　　　表2-22

班级		组号		指导老师	
组长		任务分工			
组员1		任务分工			
组员2		任务分工			
组员3		任务分工			
组员4		任务分工			

续上表

班级		组号		指导老师	
组员5		任务分工			
组员6		任务分工			

2. 工量具、仪器设备与耗材准备

(1) 使用的工量具有：_____。

(2) 使用的仪器设备有：_____。

(3) 使用的耗材有：_____。

3. 具体方案描述

_____
_____
_____
_____
_____

三 计划实施

(一) 安全注意事项及技能要点

(1) 按压时用力不宜过大，以免对器具造成不可逆损伤。

(2) 吹气时压力不宜过大，以免对器具造成不可逆损伤。

(3) 面膜为一次性用品，换人时换膜。

(4) 按压频率与器具蜂鸣器同步。

(5) 吹气时器具颈部指示灯应点亮才有效。

(6) 操作正确次数以器具正确计数为准。

(二) 汽车高压电安全事故与应急救援步骤及要点说明

汽车高压电安全事故与应急救援步骤及要点说明见表2-23。

汽车高压电安全事故与应急救援步骤及要点说明　　表2-23

步骤	操作方法及说明	要点及注意事项
第一步：打开计算机主机中的"单人徒手心肺复苏系统"，点击"练习模式"		□考试时则输入身份证号或准考证号

续上表

步骤	操作方法及说明	要点及注意事项
第二步:打开显示器,按下设备上的红色"启动"按钮		□每一个练习周期时间是300s,但考试时如果操作正确,计算机判定人被救活后,时间就会停止
第三步:开始实施胸部有效按压30次操作		□计算机会把有效和无效的按压次数显示在显示器上,同时时间300s开始倒计时
第四步:停止按压,进行人工呼吸两次操作(吹气时要观察显示器上的气压条形图,不能太低,也不能太高)		□在做人工呼吸时,要注意观察咽喉处的指示灯,指示灯亮,吹气才有效

续上表

步骤	操作方法及说明	要点及注意事项
第五步：停止人工呼吸，又进行胸部按压操作，重复第二至第五步操作，直到300s时间结束		

操作完成后，系统会自动根据操作人员操作的有效性和时效性进行综合评分，并显示心肺复苏操作结果。

几名学生可交换操作一个小周期，如每个同学进行胸腔按压 30 次和人工呼吸两次，完成后交换同组其他同学操作，没操作的同学在旁边根据仪器状态及时指挥操作人员进行相应的调整。

四 评价反馈

评价表见表2-24。

评价表　　　　　　　　　　　　　　　　表 2-24

评分项目	评分标准	分值(分)	得分(分)
学习目标	能明确本任务的知识、技能、素养目标，理解任务在工作中的重要程度	5	
工作任务分析	能清晰描述完成本次工作任务内容	2	
	能清晰描述完成本次工作任务需必备的技能与知识点	2	
有效信息获取	能描述心肺复苏的全部流程	8	
	能描述心肺复苏操作所需的物料及器材	5	
	能描述心肺复苏仿真器材的操作时间	5	
	能正确使用相关器材	5	
实施方案制订	能清晰地制订并填写本次作业计划	5	
	能组织或协同工作小组成员，明确本次任务所需仪器设备、工具、材料的准备与清点，并准备记录	5	
	能组织或协同工作小组成员交流，找出不足的操作子项	5	

续上表

评分项目	评分标准	分值(分)	得分(分)
任务实施	能正确对仪器开机	5	
	能正确执行启动操作	5	
	能正确使用一次性膜片	5	
	能正确找准按压部位	5	
	能正确执行吸气操作	5	
	能正确执行按压操作	5	
	能正确不间断完成操作	7	
任务评价	能通过本次任务实施,结合自己在实训过程中的表现,进行自我评价及自我反思并记录	3	
职业素养	按规定时间完成项目作业	2	
	遵守实训室管理规定、劳动纪律	2	
	积极参与课堂活动、回答问题	2	
	能够保护仪器设备安全	2	
思政要求	有安全意识,有团队协作精神	5	
总计		100	

改进建议:

教师签字:
日期:

习题

一、单选题

1. 绝缘手套的耐压等级要求是( )V。
   1.500　　　　　B.800　　　　　C.1000　　　　　D.1500

2. 绝缘测试仪,校表测试的电压等级为( )V。
   A.100　　　　　B.500　　　　　C.800　　　　　D.1000

3. 绝缘测试仪测量值应大于( )。
   A.20kΩ　　　　B.20MΩ　　　　C.50kΩ　　　　D.0Ω

二、判断题

1. 高压线束检查时不需要断开蓄电池负极。　　　　　　　　　　　　( )

2. 高压安全操作的正确顺序是先断低压再断高压。　　　　　　　　（　）

3. 对于几何 G6 而言,断开低压蓄电池后进行高压维护检查不需要再断开维修开关。　　　　　　　　　　　　　　　　　　　　　　　　　　　（　）

4. 高压验电的电压值不得大于 1V。　　　　　　　　　　　　　　（　）

三、实操练习题

1. 维护工位场地的绝缘性如何进行测量?

2. 高压维护作业时,如何进行高压断电?

3. 高压维护工位应如何做好隔离?

4. 做心肺复苏操作时,能不能两个人同时进行？为什么？

学习任务三

新车PDI交付检查

学习目标

1. 知识目标

(1)能描述新能源汽车新车PDI交付检查的定义和分类。

(2)能描述新能源汽车新车PDI交付检查的具体内容。

(3)能描述新能源汽车新车PDI交付检查的工作流程。

2. 技能目标

(1)能根据维护手册,查阅新能源汽车新车PDI交付检查操作流程及技术标准。

(2)能规范完成新能源汽车新车PDI交付检查工作流程。

3. 素养目标

(1)能养成认真负责的工作态度,展现中国工匠可信、可爱、可敬的形象。

(2)培养学生严谨的工作态度,规范实训8S管理,养成良好的职业行为习惯。

(3)规范操作,主动钻研,养成精益求精的工匠精神。

(4)通过学习使学生具备本专业高素质技术工作者所必须的完工检验,同时培养学生的专业兴趣,增强团结协作的能力。

(5)促进学生职业素养的形成,为培养高素质汽车售后服务专门人才奠定良好的基础。

参考学时

80学时。

交车前检查

任务描述

一辆某国产品牌新能源汽车即将售出,需要按照新车交付检查标准完成新车交付质量检查工作。

学习活动1 配备资料检查

一、明确任务

作为一名资深的新能源汽车维修从业人员,怎么完成新能源新车PDI配备资料检查?

二、工作准备与计划制订

(一)知识准备

1. 车辆铭牌信息及随车资料

(1)汽车VIN。

车辆识别代码就是汽车的身份证号,它根据国家车辆管理标准确定,包含车辆的生产厂家、年代、车型、车身型式及代码、发动机代码及组装地点等信息。_____,分为三个部分,世界制造厂识别代号(World Manufacturer Identifier,WMI)、车辆说明部分(Vehicle Descriptor Section,VDS)、车辆指示部分(Vehicle Indicator Section,VIS)。VIN仅采用如下阿拉伯数字和大写拉丁字母表示,不能使用I、O、Q。VIN应保证30年内不会重号,其各部分的含义如图3-1所示。

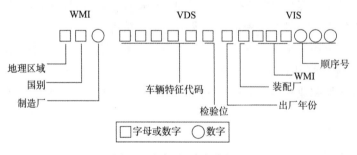

图3-1 汽车VIN各部分含义

第1~3位:世界制造厂识别代号(WMI),必须经过申请、批准、备案后方可使用。
第1位:用一个数字或者字母来表明一个地理区域,见表3-1。

代码与国家对应关系　　　　　　　　　表3-1

代码	国家	代码	国家	代码	国家
1,4	美国	J	日本	S	英国
2	加拿大	K	韩国	T	瑞士

续上表

代码	国家	代码	国家	代码	国家
3	墨西哥	L	中国	V	法国
6	澳大利亚	Y	瑞典	W	德国
9	巴西	Z	意大利		

第2位:汽车制造商代码,见表3-2。

汽车制造商代码对应关系 表3-2

1	Chevrolet	B	BMW	M	Hyundai
2	Pontiac	B	Dodge	M	Mitsubishi
3	Oldsmobile	C	Chrysler	M	Mercury
4	Buick	D	Mercedes	N	Infiniti
5	Pontiac	E	E-Eagle	N	Nissan
6	Cadillac	F	Ford	P	Plymouth
7	GM Canada	G	General	S	Subaru
8	Saturn G Suzuki	T	Lexus	H	Acura
8	Isuzu	T	Toyota	V	Volkswagen
A	Alfa Romeo	J	Jeep	V	Volvo
A	Audi	L	Daewoo	H	Honda
A	Jaguar	L	Lincoln	Z	Ford
Z	Mazda	Y	Mazda		

注:G = 所有通用汽车的品牌。

第3位:汽车类型代码。不同的厂商有不同的解释。

第4~9位:车辆说明部分(VDS),能够识别车辆的一般特性,如车轮的类型和配置。字符代号顺序由车辆制造厂制定。第4~8位可表明的车辆特征具体如下:

轿车:种类、系列、车身类型、发动机类型及约束系统类型。

商务车:种类、系列、车身类型、发动机类型及约束系统类型。

轿车:种类、系列、车身类型、发动机类型及约束系统类型。

第9位:工程检验数字代码,使用0~9中任何一个数字或字母"X"。

第10~17位:车辆指示部分。

第10位标识汽车生产年份,由字母或者数字组成,具体见表3-3。

汽车生产年份代码对应关系 表3-3

年份	代码	年份	代码	年份	代码	年份	代码
2001	1	2002	2	2003	3	2004	4

续上表

年份	代码	年份	代码	年份	代码	年份	代码
2005	5	2014	E	2023	P	2032	2
2006	6	2015	F	2024	R	2033	3
2007	7	2016	G	2025	S	2034	4
2008	8	2017	H	2026	T	2035	5
2009	9	2018	J	2027	V	2036	6
2010	A	2019	K	2028	W	2037	7
2011	B	2020	L	2029	X	2038	8
2012	C	2021	M	2030	Y	2039	9
2013	D	2022	N	2031	1	2040	A

纯电动汽车,发动机的号码指的是电机号。

第11位:表示装配厂。

第12~17位:顺序号,表示某一批次的车辆。

(2)车辆铭牌。

车辆铭牌是标明车辆基本特征的标牌,如图3-2所示,主要包括厂牌、型号、发动机功率、总质量、载质量或载客人数、出厂编号、出厂日期及厂名等。

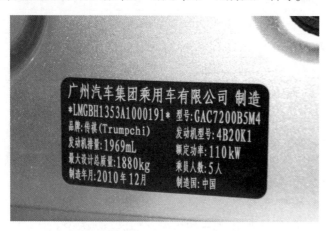

图3-2 车辆铭牌

出厂时间可以从用户处进行了解,还可以察看汽车铭牌来进行确定,因为在驾驶室的汽车铭牌上都会有车辆的出厂时间。

车辆必须装备车辆铭牌,并置于车辆前部易于观察的地方。客车铭牌置于车内前乘客门的上方。

(3)机动车检验合格标志。

机动车必须进行安全技术检验,经检验合格后,由公安机关发放检验合格标志,如图3-3所示。根据《中华人民共和国道路交通安全法实施条例》,机动车检验合格标志应贴在机动车前风窗玻璃右上角。若无合格标志或标志无效,则不能交易。

(4)维护手册。

新能源车辆维护是根据车辆各部位不同材料所需的维护条件,采用不同性质的专用护理材料和产品,对新能源车辆进行全新的维护的工艺过程。维护手册提示维护周期及更换检查项目,在每次维护结束后进行登记。图3-4所示为维护手册。

图3-3　机动车检验合格标志

图3-4　维护手册

(5)用户手册。

用户手册说明了车型所具有的各种装置和功能,介绍了如何正确使用车辆、车辆使用过程中的注意事项,同时明确了销售厂家与用户之间就有关产品质量保证责任、售后服务方面的权利与义务产生和终止的约定。图3-5所示为用户手册。

2.随车工具

新车随车工具有三角警示牌、反光背心、千斤顶/套筒扳手、拖车钩、补胎液/充气泵、灭火器、拖车绳、搭电线、胎压表、普通活动扳手、尖嘴钳、螺丝刀、防盗螺栓专用扳手。汽车的随车工具箱一般放在行李舱,汽车工具包主要是指用于汽车上的各种工具包,主要包括维修类工具包、文件类工具包和储物类工具包,不同车型的工具包具有细微的差别。汽车随车工具如图3-6所示。

图3-5　用户手册

图3-6　汽车随车工具

(二)制订工作方案

1. 任务分工(表3-4)

表3-4

任务分工表

班级		组号		指导老师	
组长		任务分工			
组员1		任务分工			
组员2		任务分工			
组员3		任务分工			
组员4		任务分工			
组员5		任务分工			
组员6		任务分工			

2. 工量具、仪器设备与耗材准备

(1)使用的工量具有：＿＿＿＿＿＿＿＿＿＿＿＿＿＿＿＿＿＿＿＿＿＿。

(2)使用的仪器设备有：＿＿＿＿＿＿＿＿＿＿＿＿＿＿＿＿＿＿＿＿。

(3)使用的耗材有：＿＿＿＿＿＿＿＿＿＿＿＿＿＿＿＿＿＿＿＿＿＿。

3. 具体方案描述

_____
_____
_____
_____
_____

三 计划实施

(一)安全注意事项及技能要点

1. 安全注意事项

(1)实训开始前应摘掉戒指、手表、项链等首饰,脱去宽松的衣服、换上实训服。长发应挽起,固定于脑后。作业之前戴好工作手套和安全帽。

(2)认真检查工量具、仪器设备,确保能正常使用。按正确的方法使用后,应立即清洁。

(3)实训时,在维修高压部件前,先将车钥匙置于"OFF"挡,并断开蓄电池负极电缆及高压检修开关。

2. 技能要点

（1）能根据新车交车维护作业单，了解新车出厂检验（Pre-Delivery Inspection，PDI）的内容与作业流程。

（2）能按照制定的新车 PDI 检查维护作业流程进行新车 PDI 作业。

（3）能掌握相应工具设备及仪器，比如举升机、扭力扳手、胎压计、诊断仪等工具、设备的使用方法。

（二）配备资料检查任务实施

铭牌及资料检查见表3-5。

铭牌及资料检查　　　　　　　　　　　　　　表3-5

步骤	操作方法及说明	质量标准及记录
1. VIN 检查	（1）检查风窗玻璃处的 VIN 是否清晰，并与随车证件一致。 （2）发动机号、底盘号清晰，内容完整，并与合格证一致	车辆识别号一致： □是　□否 发动机号、底盘号清晰一致： □是　□否
2. 车辆铭牌检查	检查铭牌信息与合格证的信息与实车是否相符	车辆铭牌信息一致： □是　□否
3. 随车文件及附件齐全（维护手册、合格证、用户手册等），并且文件内容与当前车型相符	（1）检查用户手册是否配备无误。	检查用户手册是否配备无误： □是　□否

续上表

步骤	操作方法及说明	质量标准及记录
3. 随车文件及附件齐全(维护手册、合格证、用户手册等)，并且文件内容与当前车型相符	(2)检查维护手册是否配备无误。 (3)检查合格证是否配备无误	检查维护手册是否配备无误： □是 □否 检查合格证是否配备无误： □是 □否
4. 随车工具检查	(1)行李舱内部清洁、内饰完好。 (2)随车工具齐全、完好(补胎胶、三角警示架、打气泵等)	检查行李舱内部清洁、内饰： □是 □否 检查随车工具齐全、完好： □是 □否

四 评价反馈

评价表见表3-6。

评价表　　　　　　　　　　　　　表3-6

评分项目	评分标准	分值(分)	得分(分)
学习目标	能明确本任务的知识、技能、素养目标，理解任务在工作中的重要程度	5	

续上表

评分项目	评分标准	分值(分)	得分(分)
工作任务分析	能清晰描述完成本次工作任务内容	2	
	能清晰描述完成本次工作任务需必备的技能与知识点	2	
有效信息获取	能具体描述随车证件	5	
	能描述配备资料检查具体内容	5	
	能查阅维护手册,并根据维护手册清楚获取配备资料检查工作流程	6	
	能根据故障现象及原因进行相应的零部件检修	5	
实施方案制订	能清晰地制订并填写本次配备资料检查的准备作业计划	5	
	能组织或协同工作小组成员,明确本次任务所需仪器设备、工具、材料的准备与清点,并准备记录	5	
	能组织或协同工作小组成员交流,优化检查方案并记录	5	
任务实施	能根据工作任务准备所需工具、设备	5	
	通过维护工作流程标准,做好任务合理分工	5	
	通过查阅维护手册,结合分析结果,制订完善的检修方案	7	
	能进行 VIN 码检查	5	
	能进行随车资料检查	5	
	能进行随车工具检查	5	
	能利用检测工具找出故障原因,并作出正确的维护决策	7	
任务评价	能通过本次任务实施,结合自己在实训过程中的表现,进行自我评价及自我反思并记录	3	
职业素养	按规定时间完成项目作业	2	
	遵守实训室管理规定、劳动纪律	2	
	积极参与课堂活动、回答问题	2	
	能够按时出勤	2	
思政要求	能独立实施 8S 管理、融入团队协作、提升职业素养	5	
总计		100	

改进建议:

教师签字:
日期:

学习活动2　外观及内饰检查

一、明确任务

情景描述:作为一名资深的新能源汽车维修从业人员,怎么完成新车 PDI 外观及内饰检查?

二、工作准备与计划制订

(一)知识准备

1. 车身结构认识

汽车车身是驾驶人的工作场所,也是装载乘客和货物的场所。车身应具有合理的外部形状,以便汽车行驶时能有效地引导周围的气流,提高汽车的动力性、燃料经济性和行驶稳定性,并改善发动机的冷却条件和室内通风。车身一般由车身本体、内外装饰件、车身附件以及车身电器和电子设备组成。

(1)车身本体(白车身)既是汽车承载的主体,也是一切车身部件的安装基础,通常由纵梁、横梁、立柱、加强板等车身结构件和车身覆盖件组合而成,还包括发动机舱盖、翼子板、车门和行李舱盖等。

(2)车身内、外装饰件是车身内部和外部起装饰和保护作用的零部件的总称。外饰件主要包括前后保险杠、外部装饰条、玻璃、密封条、商标标志、散热器面罩和车外后视镜等;内饰件主要包括仪表板、车门内护板以及顶篷、地板和侧壁的内饰等。

(3)车身附件是车身中具有某些独立功能的机构和装置,包括门锁、门铰链、玻璃升降器、遮阳板、后视镜、拉手、点烟器、烟灰盒,以及座椅、安全带、安全气囊、风窗玻璃刮水器和洗涤器、车用空调等附属装置。

(4)车身电器和电子设备是指除用于发动机和底盘以外的所有电器和电子设备,如电子仪表和综合信息显示系统、照明和信号装置、电控舒适与娱乐系统、防盗报警系统、倒车和自动泊车辅助系统、通信与智能化控制系统等。

车身结构如图3-7所示。

2. 车身外观检查内容

(1)车辆左侧/右侧。

漆面:检查前、后车门、前后视镜、前翼子板、门槛漆面是否有掉漆、划痕、色差等情况;

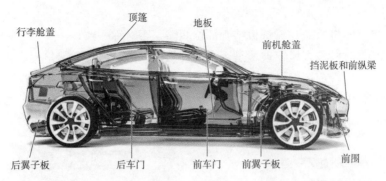

图 3-7 车身结构

板件：检查前、后车门、前后视镜、前翼子板、门槛板件是否凹陷、变形；车身线条是否顺直、两侧车身线条是否对称；

间隙：检查车身覆盖件结合部位间隙面差是否一致。

车窗及装饰件：车门车窗玻璃有无裂纹、破损等情况，车窗外装饰件是否完好；

轮胎：检查车轮、轮辋状态，调整轮胎气压至规定值，以标准力矩校紧所有车轮螺母。

车身左侧、右侧检查如图 3-8～图 3-11 所示。

图 3-8 车辆左前方检查

图 3-9 车辆左前轮检查

图 3-10 车辆右前方检查

图 3-11 车辆右前轮检查

（2）车辆正前方。

漆面：检查前机舱盖、前保险杠、漆面是否有掉漆、划痕、色差等情况。

板件：检查前机舱盖、前保险杠是否凹陷、变形；车身线条是否顺直、两侧车身线条是否对称。

间隙:检查前机舱盖和翼子板结合部位间隙是否对称一致。

车窗及装饰件:检查风窗玻璃是否有裂纹、破损等情况,检查前格栅是否完好。

灯光组件:检查前照灯灯罩有无破损情况,前照灯有无水雾、渗水情况。

前刮水器:前刮水器胶条是否完好无破损、前刮水器臂是否完好。

车辆正前方检查如图 3-12 ~ 图 3-15 所示。

图 3-12　车辆正前方检查

图 3-13　前照灯检查

图 3-14　车辆正后方检查

图 3-15　车辆行李舱检查

(3)车辆正后方。

车辆正后方应检查行李舱盖、后风窗玻璃、后保险杠等部件完好情况。与正前方检查一样,检查各部件漆面情况,检查行李舱盖、后保险杠漆面完好情况,观察有无划痕、掉漆、色差等情况,若有则在作业记录表中准确记录。检查尾部组合灯灯罩有无损坏情况,在作业记录表记录检查结果。注意检查行李舱盖与后保险杠结合部位缝隙大小、是否左右一致,这主要是判别车辆是否有发生碰撞导致的板件变形。

3. 车辆内饰认识

汽车内饰系统是汽车车身的重要组成部分,而且内饰系统的设计工作量占到车造型设计工作量的 60% 以上,远超过汽车外形设计工作量。汽车内饰是车身最重要的部分之一。每个整车厂通常都有一个庞大的汽车内饰团队,来完成与内饰相关的大量工程工作。车身设计分为造型设计和工程设计两部分。在工程设计当中,车身的设计工作量最大,其次就是内饰系统的设计,车身外观覆盖件的设计排在最后。这可能是普通人或非业内人士没有想到的。

汽车内饰主要包括以下子系统:仪表板系统、副仪表板系统、门内护板系统、顶篷系统、座椅系统、立柱护板系统、其余驾驶室内装件系统、驾驶室空气循环系统、行李舱内装件系统、发动机舱内装件系统、地毯、安全带、安全气囊、方向盘、车内照明系统、车内声学系统等。

(1)多功能转向盘。

多功能转向盘功能键包括音响控制、空调调节、车载电话、定速巡航键等。驾驶人可以直接在转向盘上操控车内很多的电子设备,而不需要在中控台上去寻找各类按钮,可以更专心地注视前方,大大提高行车的安全性。多功能转向盘如图3-16所示。

(2)换挡开关。

换挡开关位于转向盘后方,驾驶人双手不离开转向盘就可完成升降挡操作。因为换挡开关就位于转向盘后侧,所以换起来很方便,效率高。换挡开关如图3-17所示。

图3-16 多功能转向盘

图3-17 换挡开关

P 挡:_____。

S 挡:_____。
换挡时机向后延缓,保持高功率输出。

R 挡:_____。

N 挡,暂时停车挂入,例如等交通信号灯,同时应拉起驻车制动器操纵杆,下坡时禁用该挡位。

D 挡,最常用的挡位,需要升降挡位时通过加速踏板控制来完成。

(3)定速巡航。

定速巡航系统(Cruise Control System,CCS),按驾驶人操作的速度设置后,不用踩加速踏板就自动地保持车速,使车辆以固定的速度行驶。采用了这种装置,当在高速公路上长时间行车后,驾驶人就不用再去控制加速踏板,减轻了驾驶人疲劳程度,同时减少了不必要的车速变化,可以节省燃料。

(4)中控显示。

目前汽车市场中,部分车辆中控显示屏集多媒体、主动安全、灯光、语音控制等多方面于一体,如图 3-18 所示。

图 3-18　中控显示屏

4.车辆内饰检查内容

(1)座椅检查。

检查座椅是否破损、松动或有乘坐不舒适的感觉。确保座椅调节功能正常,包括前后、高低、椅背角度等。检查座椅安全带是否完好,无破损,固定良好。车辆座椅检查如图 3-19 所示。

图 3-19　车辆座椅检查

(2)转向盘及安全带检查。

检查转向盘是否破损、松动或转动不灵活。确认安全带完好,无破损,固定良好,且调节器工作正常。检查转向盘上的控制按钮是否正常工作。

(3)门窗及锁检查。

检查门窗是否关闭严密,无异响。确保门窗锁工作正常,无卡滞。检查电动车窗工作是否正常,包括升降、防夹等功能。

(4)内饰板及饰条检查。

检查内饰板、饰条是否破损、松动或安装不牢固。确认车内顶篷无塌陷或脱落现象。检查地毯是否平整，无杂物。

（5）储物空间及附件检查。

杂物箱、眼镜盒、后窗帘（如有）是否完好、启闭正常。遮阳板、化妆镜、内后视镜、出风口、通用串行总线（Universal Serial Bus，USB）接口等完好。车辆储物空间及附件检查如图3-20所示。

图3-20　车辆储物空间及附件检查

（6）空调及通风检查。

确认空调制冷、制热功能正常。确认风向调节正常，无异响。检查通风功能是否正常。

总而言之，内饰检查需对车辆内部零部件、功能键一一进行检查，确认是否损坏。

（二）制订工作方案

1. 任务分工（表3-7）

表3-7　　任务分工表

班级		组号		指导老师	
组长		任务分工			
组员1		任务分工			
组员2		任务分工			
组员3		任务分工			
组员4		任务分工			
组员5		任务分工			
组员6		任务分工			

2. 工量具、仪器设备与耗材准备

（1）使用的工量具有：_____。

（2）使用的仪器设备有：_____。

（3）使用的耗材有：_____。

3. 具体方案描述

_____
_____
_____
_____

三 计划实施

(一) 安全注意事项及技能要点

1. 安全注意事项

(1) 实训开始前应摘掉戒指、手表、项链等首饰,脱去宽松的衣服,换上实训服。长头发应挽起,固定于脑后。作业之前戴好工作手套和安全帽。

(2) 认真检查工量具、仪器设备,确保能正常使用。按正确的方法使用后,应立即清洁。

(3) 实训时,在维修高压部件前,先将车钥匙置于"OFF"挡,并断开蓄电池负极电缆及高压检修开关。

2. 技能要点

(1) 能根据新车交车维护作业单,了解新车 PDI 检查的内容与作业流程。

(2) 能按照制定的新车 PDI 检查维护作业流程进行新车 PDI 检查作业。

(3) 能掌握相应工具设备及仪器,比如举升机、扭力扳手、胎压计、诊断仪等工具、设备的使用方法。

(二) 车辆外观及内饰检查任务实施

车辆外观及内饰检查操作方法及说明见表3-8。

车辆外观及内饰检查操作方法及说明　　　　　表3-8

步骤	操作方法及说明	质量标准及记录
1. 准备工作	(1) 工具物料准备： 手套、车内三件套、举升机、扭力扳手、胎压计、诊断仪等、夹板、作业工单。 (2) 场地要求： 需在室内或遮阳棚下,室内或棚内、PDI 专属工位,干净整洁。 (3) 人员要求： 检查人员应穿戴干净工作服、手套、去除身上的锐利物品	工具物料齐全： □是　□否 工位整理完备： □是　□否 人员穿戴符合要求： □是　□否

续上表

步骤	操作方法及说明	质量标准及记录
2. 左前方外观检查	(1)漆面:检查左前方板件漆面是否有划痕、色差、掉漆。 (2)板件:检查左前方板件是否凹陷、变形;车身线条是否顺直、两侧车身线条是否对称。 (3)间隙:检查车身覆盖件结合部位间隙面差是否一致。 (4)车窗及装饰件:车门车窗玻璃有无裂纹、破损等情况,车窗外装饰件是否完好。 (5)轮胎:检查车轮、轮辋状态,调整轮胎气压至规定值,以标准力矩校紧所有车轮螺栓	□是 □否 结果描述:_____ □是 □否 结果描述:_____ □是 □否 结果描述:_____ □是 □否 结果描述:_____ □是 □否 结果描述:_____

续上表

步骤	操作方法及说明	质量标准及记录
3. 正前方外观检查	(1)漆面:检查正前方板件漆面是否有划痕、色差、掉漆。	□是　□否 结果描述:＿＿＿＿
	(2)检查板件变形情况。 (3)检查间隙对称情况。	□是　□否 结果描述:＿＿＿＿ □是　□否 结果描述:＿＿＿＿
	(4)检查玻璃完好情况。 (5)检查刮水器情况。	□是　□否 结果描述:＿＿＿＿ □是　□否 结果描述:＿＿＿＿
	(6)检查前照灯情况	□是　□否 结果描述:＿＿＿＿

续上表

步骤	操作方法及说明	质量标准及记录
4.右前方外观检查	与左前方检查重点内容一致,对漆面、板件变形、车窗、车轮等部位进行详细检查,并记录检查结果	检查漆面: □是 □否 结果描述:____ 检查板件: □是 □否 结果描述:____ 检查车窗: □是 □否 结果描述:____ 检查漆面: □是 □否 结果描述:____ 检查间隙: □是 □否 结果描述:____ 检查车轮: □是 □否 结果描述:____
5.右后方外观检查	检查右后方:漆面、板件变形、车窗、车轮等部位进行详细检查,并记录检查结果	检查漆面: □是 □否 结果描述:____ 检查板件: □是 □否 结果描述:____ 检查车窗: □是 □否 结果描述:____ 检查漆面: □是 □否 结果描述:____ 检查间隙: □是 □否 结果描述:____ 检查车轮: □是 □否 结果描述:____

续上表

步骤	操作方法及说明	质量标准及记录
6. 正后方外观检查	(1)漆面:检查正后方板件漆面是否有划痕、色差、掉漆。 (2)检查板件变形情况。 (3)检查间隙对称情况。 (4)检查玻璃完好情况。 (5)检查后位灯情况	□是 □否 结果描述:＿＿＿＿ □是 □否 结果描述:＿＿＿＿ □是 □否 结果描述:＿＿＿＿ □是 □否 结果描述:＿＿＿＿ □是 □否 结果描述:＿＿＿＿ □是 □否 结果描述:＿＿＿＿
7. 左后方外观检查	检查左后方:漆面、板件变形、车窗、车轮等部位进行详细检查,并记录检查结果	检查漆面: □是 □否 结果描述:＿＿＿＿ 检查板件: □是 □否 结果描述:＿＿＿＿ 检查车窗: □是 □否 结果描述:＿＿＿＿ 检查漆面: □是 □否 结果描述:＿＿＿＿ 检查间隙: □是 □否 结果描述:＿＿＿＿ 检查车轮: □是 □否 结果描述:＿＿＿＿

续上表

步骤	操作方法及说明	质量标准及记录
8.内饰检查	(1)检查内饰各部位是否清洁、外观是否完好。	□是 □否 结果描述：_____
	(2)检查座椅(含头枕)型号规格是否符合,调节、座椅折叠及安全带功能正常。	□是 □否 结果描述：_____
	(3)检查杂物箱、眼镜盒、后窗帘(如有)是否完好启闭正常。检查遮阳板、化妆镜、内后视镜、出风口等是否完好。	□是 □否 结果描述：_____

续上表

步骤	操作方法及说明	质量标准及记录
8.内饰检查	(4)检查转向盘调整功能及油箱盖、行李舱开启功能是否正常。	□是 □否 结果描述：_____
	(5)检查多媒体系统(或导航)功能是否正常,行车记录仪存储卡格式化,校准时钟。	□是 □否 结果描述：_____
	(6)检查变速器操纵杆挡位挂靠正常、自动挡挡位显示正常(如装配)、手制动正常(含仪表显示)	□是 □否 结果描述：_____

四、评价反馈

评价表见表3-9。

评价表　　　　　　　　　　　　　　　表3-9

评分项目	评分标准	分值(分)	得分(分)
学习目标	能明确本任务的知识、技能、素养目标,理解任务在工作中的重要程度	5	
工作任务分析	能清晰描述完成本次工作任务内容	2	
	能清晰描述完成本次工作任务需必备的技能与知识点	2	

续上表

评分项目	评分标准	分值(分)	得分(分)
有效信息获取	能描述外观检查重点内容	5	
	能描述内饰检查重点内容	5	
	能查阅维修手册,并根据手册清楚获取PDI外观及内饰检查工作流程	6	
	能描述外观及内饰检查工作流程	5	
实施方案制订	能清晰地制订并填写本次外观及内饰检查的准备作业计划	5	
	能组织或协同工作小组成员,明确本次任务所需仪器设备、工具、材料的准备与清点,并准备记录	5	
	能组织或协同工作小组成员交流,优化检查方案并记录	5	
任务实施	能正确完成准备工作	5	
	能正确完成左前方检查工作	5	
	能正确规范完成正前方检查工作	5	
	能正确完成右前方检查工作	5	
	能正确完成右后方检查工作	5	
	能正确规范完成正后方检查工作	5	
	能正确规范完成左前方检查工作	4	
	能正确规范完成车内饰检查工作	5	
任务评价	能通过本次任务实施,结合自己在实训过程中的表现,进行自我评价及自我反思并记录	3	
职业素养	按规定时间完成项目作业	2	
	遵守实训室管理规定、劳动纪律	2	
	积极参与课堂活动、回答问题	2	
	能够按时出勤	2	
思政要求	能独立实施8S管理、融入团队协作、提升职业素养	5	
总计		100	

改进建议:

教师签字:
日期:

学习活动 3　起动及充电系统功能检查

一、明确任务

张先生上周在你所在的 4S 店预购的吉利 EV450 纯电动汽车昨天到车了,你已和张先生商定今天下午提车。作为销售顾问,你如何做好与张先生交车前的所有准备工作。

二、工作准备与计划制订

(一)知识准备

1. 电源系统检查

1)低压蓄电池的结构

下面以吉利 EV450 纯电动汽车为例,介绍新能源汽车 12V 低压蓄电池(图 3-21)的结构。低压蓄电池主要采用铅酸蓄电池,正极活性物质使用_____,负极活性物质使用_____,并以_____为电解质。目前电动汽车上的低压蓄电池普遍采用铅酸蓄电池,铅酸蓄电池的优点是_____
_____;缺点是比能量、比功率和充放电循环寿命低。

图 3-21　低压蓄电池

2)低压蓄电池的作用

一是为车灯、刮水器、收音机等低压附属电器供电;二是唤醒高压动力蓄电池,当车辆需要上电时,电压系统先工作,唤醒整车控制器(Vehicle Control Unit,VCU),当满足上高压条件时,整车控制器(VCU)请求蓄电池管理系统(BMS)上高压电的动作。

3)高压动力蓄电组的结构

动力蓄电池系统主要由电芯及模块、动力蓄电池管理系统、冷却系统、线束、箱体等构成。由于单体蓄电池的电压和容量较低,不能满足纯电动汽车高电压、大电流放电的实际需要。在实际应用中,需要对单体蓄电池进行串并联。动力蓄电池从单体到并联串联成组、成包的过程称为"打包"(PACK)。每个车型具有不同的技术要求,因此,需要根据具体车型适配不同容量的蓄电池组,进而确定串并联形式和电芯规格等。

电动汽车要获得非常好的动力特性,必须使用比能量高、比功率大、使用寿命长的动力蓄电池作为动力源。目前,低速电动汽车采用铅酸蓄电池较多,纯电动汽车主要采用锂离子动力蓄电池,以_____最为常见;混合动力电动汽车一般采用镍氢动力蓄电池,但也逐步都被锂离子动力蓄电池取常。此外,钠离子动力蓄电池、燃料电池、飞轮电池、超级电容等新型电源的应用,为电动汽车的发展开辟了广阔的前景。

图 3-22 所示为吉利 EV450 动力蓄电池。

图 3-22　吉利 EV450 动力蓄电池

4)常见高压动力蓄电池组类型

铅酸蓄电池(图 3-23):可靠性好、原材料易得、价格便宜;比功率也基本上能满足电动汽车的动力性要求。但它有两大缺点:一是_____

_____;二是_____。目前,已有很多公司开发出新型的铅酸蓄电池,使得其性能有很大提高。铅酸蓄电池是利用稀硫酸、铅、二氧化铅这三种活性物质进行化学反应完成充电和放电的。放电时,化学反应是从左向右进行的,由于消耗了硫酸并生成水,因此,电解液密度会不断下降。充电时,在外部的作用下,重新生成活性物。目前,铅酸蓄电池主要用于电动自行车和电动客车。铅酸蓄电池的工作原理如图 3-24 所示。

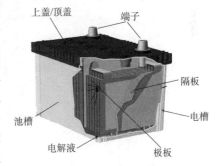

图 3-23　铅酸蓄电池结构

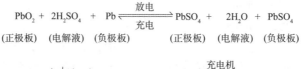

铅酸蓄电池
工作原理

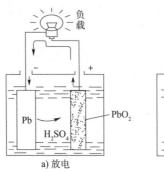
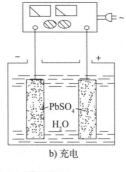

a) 放电　　　　　b) 充电

图 3-24　铅酸蓄电池工作原理

镍氢蓄电池：镍氢蓄电池属于碱性电池，镍氢蓄电池循环使用寿命较长，能量密度高，但价格较高，存在记忆效应。目前，国内已开发 55A·h 和 100A·h 单元蓄电池，以及比能量达 65W·h/kg、功率密度大于 800W/kg 的镍氢蓄电池。

镍氢蓄电池正极的活性物质是 _____ ，负极是 _____ ，用 _____ 作为电解质。在金属铂的催化作用下，完成充放电的可逆化学反应。当前市场上形成规模销售的混合动力电动汽车丰田普锐斯用得较多。图 3-25 所示为镍氢蓄电池结构，图 3-26 所示为镍氢蓄电池工作原理。

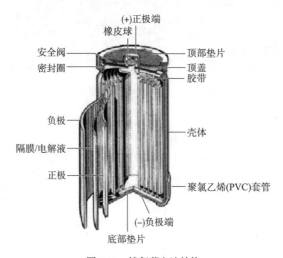

图 3-25　镍氢蓄电池结构

镍镉蓄电池：镍镉蓄电池应用的广泛程度仅次于铅酸蓄电池，其比能量可达 55W·h/kg，比功率超过 190W/kg。镍镉蓄电池可快速充电，循环使用寿命较长，是铅酸蓄电池的两倍多，可达 2000 多次，但价格为铅酸蓄电池的 4~5 倍。镍镉蓄电池的初期购置成本虽高，但由于其在能量和使用寿命方面的优势，因此其长期的实际使用成本并不高。它的缺点是有"记忆效应",容易因为充放电不良而导致蓄电池的可用容量减小。镍镉蓄电池需在使用10次左右后,做1次完全充放电,如果已经有了"记忆效应",应连续作3~5次完全充放电,以释放记忆。另外,镉有毒,使用中要注意做好回收工作,以免造成环境污染。特斯拉、领克旗下的新能源汽车分别在2009年和2013年配备了镍镉蓄电池当作主要的动力提供系统。图3-27所示为镍镉蓄电池结构,图3-28所示为镍镉蓄电池工作原理。

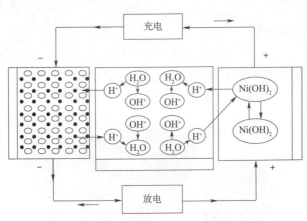

图3-26 镍氢蓄电池工作原理

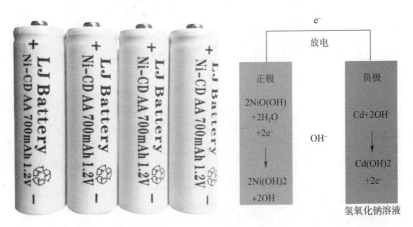

图3-27 镍镉蓄电池结构　　图3-28 镍镉蓄电池工作原理

锂离子蓄电池:锂离子蓄电池具有质量轻、储能大(能量密度高)、无污染、无记忆效应、使用寿命长的特点。在同体积、质量情况下,锂电池蓄电池的蓄电能力是镍氢蓄电池的1.6倍,是镍镉蓄电池的4倍,并且人类只开发利用了其理论电量的20%~30%,开发前景非常好。同时,锂离子蓄电池不会对环境造成污染,是目前最佳的能运用到电动汽车上的蓄电池。我国从20世纪90年代开始开发和利用锂离子蓄电池,至今已研制出了完全拥有自主知识产权的锂离子蓄电池。按照正极材料的不同,锂离子蓄电池可分为_____蓄电池,目前市面上用得最多的是磷酸铁锂离子蓄电池、三元锂蓄电池。

磷酸铁锂蓄电池:磷酸铁锂蓄电池是一种使用磷酸铁锂(LiFePO$_4$)作为正极材料、碳作为负极材料的锂离子蓄电池,单体额定电压为3.2V,充电截止电压为3.6~3.65V。

充电过程中,磷酸铁锂中的部分锂离子脱出,经电解质传递到负极,嵌入负极碳材料;同时从正极释放出电子,自外电路到达负极,维持化学反应的平衡。放电过程中,锂离子自负极脱出,经电解质到达正极,同时负极释放电子,自外电路到达正极,为外界提供能量。

磷酸铁锂蓄电池具有_____的优点。它的缺点在于低温环境下充电放电性能差。磷酸铁锂蓄电池是目前电动汽车上用得最多的一类动力蓄电池。图3-29所示为磷酸铁锂蓄电池结构,图3-30所示为磷酸铁锂蓄电池工作原理。

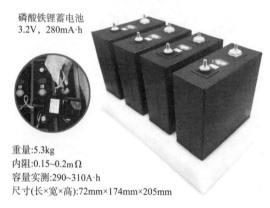

图3-29　磷酸铁锂蓄电池的结构

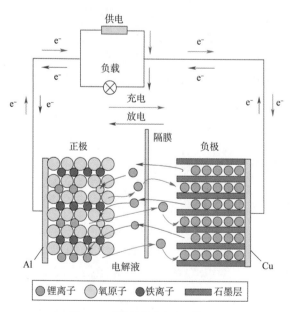

图3-30　磷酸铁锂蓄电池工作原理

三元锂蓄电池：三元锂蓄电池是指正极材料使用镍钴锰酸锂，是以镍盐、钴盐、锰盐为原料，里面镍钴锰的比例可以根据实际需要调整。三元锂蓄电池能量密度高，单位体积存储的电量多。比亚迪三元锂蓄电池能量密度能达200W·h/kg。

三元锂蓄电池循环性能好，理论寿命是2000次充放电循环，但在实际使用中，当进行900次的充放电循环后，蓄电池容量就基本衰减到了55%，但如果每次蓄电池充放电都控制在0%~50%之间或者25%~75%之间的循环中工作，即使经过3000次的充放电循环，蓄电池容量基本还能够保持在70%左右。此外，三元锂蓄电池寿命长，按循环1000次来计算，三天一次完全充放电，使用寿命达到8.3年，即使有损耗过程，同样可达到7年多。三元锂蓄电池的缺点在于稳定性较差，如果内部短路或是正极材料遇水，都会有明火产生。图3-31所示为三元锂蓄电池工作原理。

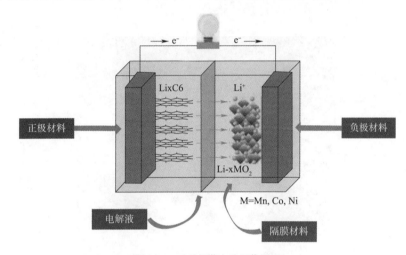

图3-31 三元锂蓄电池工作原理

4680圆柱电池（图3-32）：4680有圆柱电池具有能量、快充、高安全、低成本和长寿命等特征，目前特斯拉系纯电动汽车系列用得比较多。依托4680圆柱电池全极耳设计，提高导电和导热面积，可实现4~6C大电流充电。4680圆柱电池一致性高，减少过充、过放和局部过热危险，圆弧结构有利于电池间隔热，热失控阻隔性好。依托干法电极工艺和超高镍正极材料、硅碳负极材料等新型材料，4680圆柱电池成本实现大幅降低。4680圆柱电池设计寿命约充放电2000次，单体电池一致性较好，电池系统层面整体寿命相对较长。

刀片电池（图3-33）："刀片"只是单体电池的形状，本质采用的还是磷酸铁锂蓄电池。刀片电池将单个电芯进行"扁平化"处理，宽度拉长之后厚度也变得更薄。刀片电池的优点在于单位体积电池能量密度增加、成本降低、重量轻、安全性能好，缺点是低温状态下充放电性能差、电池被撞后修复困难。

石墨烯电池（图3-34）：石墨烯电池产品性能优良，可在-30~80℃环境下工作，电池循环寿命高达充放电3500次左右，充电效率是普通充电产品的24倍。石墨烯是世界上最薄、最硬的材料。

图 3-32　4680 圆柱电池结构

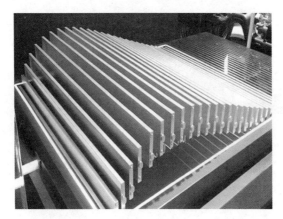

图 3-33　刀片电池结构

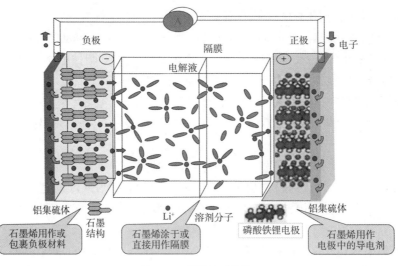

图 3-34　石墨烯电池结构

超级电容器(图3-35):超级电容器也称电化学容器,是介于传统电容器和蓄电池之间的新型储能元件。超级电容器的组成结构与化学电池非常相似,也是由正极、负极、隔膜和电解液等组成。超级电容器主要是利用电极电解质界面电荷分离所形成的双电层,或借助电极表面内部快速的氧化还原反应所产生的

图3-35 超级电容器结构

法拉第准电容来实现电荷和能量的储存。与传统电容器和二次电池相比,其优点在于循环寿命高达数万次,比功率高,储存电荷的能力比普通电容器高,并具有充放电速度快、使用温限范围宽、无污染等特点;其缺点在于比容量小,单体能量投资高。发展超级电容的关键问题是开拓ms-s级的应用以及如何降低成本。超级电容器是一种非常有前途的新型绿色能源,目前广泛用于电动汽车和混合动力电动汽车中。

5)常见动力电池的性能参数及性能比较

(1)动力蓄电池的性能参数。

端电压:端电压是指_____,单位为伏特(V),是表示蓄电池性能和状态的重要参数之一。一般用静态电压(开路电压)、放电电压和充电电压来衡量。

静态电压是指_____。蓄电池在充足电的情况下静态电压最大,随着放电程度的增加,其静态电压会随之减小。

放电电压是指_____,放电电压也称为工作电压。蓄电池放电电流越大,放电电压越低。在相同的放电电流下,随着放电程度的增加,其放电电压也会相应地降低。

充电电压是指在充电电源对蓄电池进行充电时,蓄电池正负极之间的端电压。充电电流越大,充电电压也越大。使用相同的充电电流充电时,随着充电的进行,充电电压逐渐升高,充足电时达到最大。

内阻:蓄电池的内阻主要与极板的材料、结构、电解液性质有关。不同类型的蓄电池内阻不同,相同的蓄电池,随着放电程度的增加其内阻会相应的增大。

容量:蓄电池的容量是指在允许的放电范围内所能输出的电量,其单位是$A \cdot h$。容量C = 放电电流(恒流)I × 放电时间(小时)T。容量用来表示蓄电池的放电能力,不同条件下蓄电池能输出的电量(容量)是不同的。

额定容量:额定容量是指_____。在我国的国家标准中,用3h放电率(C_3)来定义电动汽车蓄电池的额定容量,用20h放电率(C_{20})来定义汽车用起动型蓄电池额定容量。

理论容量:理论容量是指假设蓄电池极板上的活性物质全部参加化学反应而输出电流时,依据法拉第定律计算出的电量。通常用质量容量($A \cdot h/g$)或体积容量($A \cdot h/L$)来表示。

实际容量:实际容量是指_____。实际容量是在允许放电范围内,放电电流与放电时间的乘积。蓄电池实际容量小于理论量,当放电电流和温度不同时,实际容量也不同。

能量:蓄电池的能量是指在一定的放电条件下,蓄电池所输出的电能,单位为 W·h 或 kW·h。蓄电池的能量表示其供电能力,它是反映蓄电池综合性能的重要参数。

标称能量:标称能量是指在规定的放电条件下蓄电池所能输出的电能总和。蓄电池的标称能量是额定容量与额定电压的乘积。

实际能量:蓄电池在实际条件下输出的电能总和为实际能量。实际能量是实际容量与放电过程中的平均电压乘积。

比能量:比能量是指蓄电池单位质量所能输出的电能,单位为 W·h/kg 或 kW·h/kg。蓄电池比能量越大,充足电后的能量越大,行驶里程越长。

能量密度:能量密度是指蓄电池单位体积所能输出的电能,单位为 W·h/L 或 kW·h/L。蓄电池能量密度越高,蓄电池所占的空间越小。

功率:蓄电池的功率是指在规定的放电条件下,蓄电池在单位时间所能输出的电能,单位为 W 或 kW。蓄电池的功率直接影响电动汽车的加速度和最高车速。与能量相同,功率的衡量也会使用质量比功率(蓄电池单位质量能输出的功率)和功率密度(蓄电池单位体积所能输出的功率)来表示。

循环寿命:蓄电池的使用寿命通常用使用时间或循环寿命来表示。蓄电池经历一次充电和放电过程称为一个循环或一个周期。在一定的放电条件下,当蓄电池的容量下降到某规定的限值时,蓄电池所能承受的充放电循环次数称为蓄电池的循环寿命。不同类型的蓄电池,其循环寿命不同。对于某种类型的蓄电池,其循环寿命与充放电的电流大小、蓄电池工作温度、放电深度等均有密切关系。

(2)常见的动力蓄电池性能比较。

选用动力蓄电池时要参考上述性能参数,一般主要考虑蓄电池的容量、能量、功率和循环寿命等主要参数。常见动力蓄电池的比较见表3-10。

动力蓄电池种类比较　　　　　　　表3-10

电池种类	比能量(W·h/kg)	比功率(W/kg)	循环次数(次)
铅酸蓄电池	33	130	400~500
镍镉蓄电池	45	>500	2000
镍氢蓄电池	40~60	550~1350	>1000
锂离子蓄电池	200	>1300	>2000

6)动力蓄电池储存的要求和特点

(1)存储动力蓄电池的位置需粘贴高压危险、严禁烟火、禁止裸手作业等警示标志,存储动力蓄电池的位置和墙壁需防水,并保持墙壁和地板的干燥。

(2)存储动力蓄电池的位置需保持清洁,不可有粉尘,尤其不可有金属屑等导电粉尘,以避免出现漏电等安全隐患。

(3)储存期间应避免阳光直射,热源温度高于50℃时不得少于2m的距离。

(4)存储动力蓄电池的位置不可有腐蚀性气体,以免破坏蓄电池模组结构件和蓄电池包装,影响蓄电池性能。

(5)存储动力蓄电池的位置不可有油、腐蚀性溶剂等液体与蓄电池包装箱接触,以免破坏蓄电池模组结构件和蓄电池性能。

(6)存储动力蓄电池的位置不可有鼠虫等存在,以免破坏蓄电池模组包装。

7)动力蓄电池安全性能评估

(1)高温、漏电保护:蓄电池采用BMS,通过对电压采样、温度采样、蓄电池均衡、采样线异常检测等,对电池异常状态进行报警、保护、自检以及通信功能,确保动力蓄电池安全。

(2)动力蓄电池不爆炸:磷酸铁锂动力蓄电池采用高安全性的磷酸铁锂材料,经过精细的电化学、电极、电芯及成组结构的设计,将通过全自动生产线严格的品质控制等全方位的安全设计及防护措施等一系列严格的实验,即使蓄电池在极端的情况下也不会发生爆炸。

(3)磷酸铁锂动力蓄电池碰撞后短路不起火:蓄电池碰撞后,壳体变形,若变形严重,蓄电池短路,瞬间释放能量,内部将产生气体,气体达到一定量时,蓄电池防爆阀启动,气体从防爆阀处泄漏排出,蓄电池不会发生爆炸。

(4)电磁场辐射强度安全:根据国际认可的低频电磁场辐射强度安全限值为$100\mu T$,通常动力蓄电池包的辐射强度为$58.8\mu T$,是绝对安全的。

8)动力蓄电池使用安全措施

(1)严禁将动力蓄电池系统浸入水中,保存不用时,应放置于阴凉干燥的环境中。

(2)禁止在高温热源(如火、加热器等)旁使用和留置动力蓄电池。禁止在高温下(炙热的阳光下)使用或放置动力蓄电池,否则可能会引起动力蓄电池组中单体电池过热或功能失效而缩短寿命。

(3)充电时请选用动力蓄电池系统的专用充电机。

(4)在使用过程中,严禁将动力蓄电池系统正负极颠倒。

(5)禁止随意更换动力蓄电池系统数据传输接口和电压采集接口,以免发生短路和引起火灾。禁止损坏或短路蓄电池系统数据传输及高压连接极柱。

(6)禁止将动力蓄电池系统与金属,如发夹、项链等一起运输或储存。

(7)禁止拆卸动力蓄电池系统箱体盖板螺栓。

(8)禁止涂抹或损坏动力蓄电池系统外侧的铭牌及杂物堵塞动力蓄电池模组风道。

(9)动力蓄电池系统箱体内部(包括管理系统),不能发生积水、积尘等现象。

(10)不得在强静电和强磁场的地方使用,否则易破坏动力蓄电池系统的安全保护装置,产生安全隐患。

9）高压动力蓄电池组的作用

高压蓄电池组的作用是将化学能转化为电能储存起来，为整车提供动力能，给驱动机提供电能，并将电能转化为机械能驱动车辆行驶。

2. 起动系统检查

1）一键起动系统的构成

一键起动系统主要由_____及起动、电子转向锁、防盗线圈、起动开关、天线、感应开关构成，是较为复杂的系统，主要采用控制器域网（Controller Area Network,CAN）总线与 BCM、ECM、仪表、门锁机构及转向锁柱（Electrical Steering Colum Lock,ESCL）进行通信。一键起动系统结构如图 3-36 所示。

图 3-36　一键起动系统结构

2）一键起动系统的工作原理

一键起动系统主要是通过汽车和钥匙之间传递的信号来识别信号是低频或高频的信号，进而识别用户身份，信号传递给车辆中的控制器，触发车门上的感应开关，制器发送低频信号，验证驾驶人携带的智能钥匙，智能钥匙反馈回来相关信息，进而实现车门自动解锁。

当驾驶人进入汽车内部，踩下制动踏板，按下起动开关，车内控制器发送低频的询问信号，验证智能钥匙。智能钥匙接收到询问信号会反馈一个射频信号，控制器对钥匙进行验证，验证成功后执行启动操作。驾驶人走进汽车信号接收范围内，车主要触动门上的感应开关，车门解锁并解除防盗。驾驶人离开汽车就处于防盗状态，启动感应开关，门锁才会开锁闭锁，这种方式使驾驶人的双手解放出来。图 3-37 所示为吉利 EV450 智能钥匙工作原理图。

3. 充电系统检查

1）充电场站分类、布局和建设要求

由于电动汽车需要充电，需要相应配套的充电场站提供充电服务。电动汽车充电模式和传统燃油汽车不同，其既可以在家充电，也可以到专用场站利用充电设备进行充电（图 3-38），但由于家庭充电受到充电桩、停车位等多重因素的限制，且车辆日常使用过程中也同样需要充电，大部分充电过程均在充电场站进行。

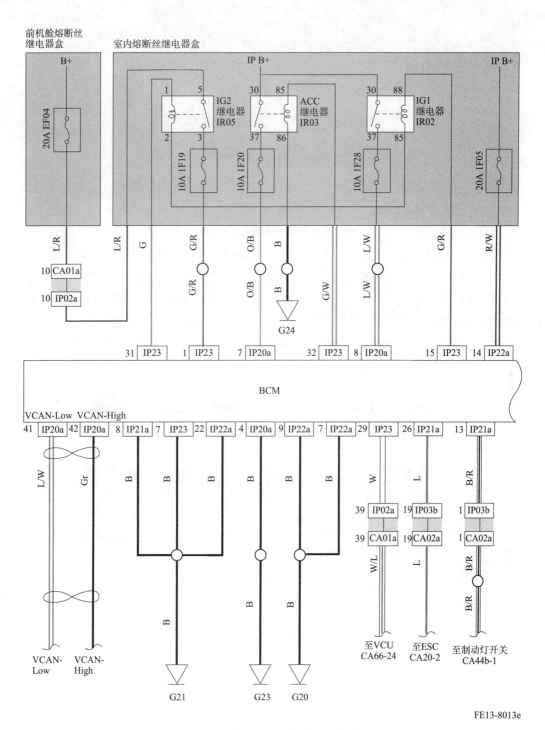

图 3-37　吉利 EV450 智能钥匙工作原理图

图3-38 电动汽车充电站

电动汽车充换电站分为_____,其中换电站主要服务于公交车、出租汽车等公共领域专用车辆,需要配备替换蓄电池包的专用设备。充电站的常见充电模式有交流充电和直流充电两种。充换电站按照功能可以划分为配电系统、充电系统、充电站监控系统和蓄电池调度系统四个子模块。充电站主要设备包括充电机、充电桩、有源滤波装置和电能监控系统。图3-39所示为电动汽车充电站系统结构。

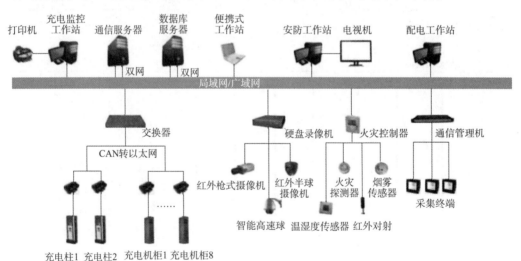

图3-39 电动汽车充电站系统结构

电动汽车充电站根据动力蓄电池储存能量和为汽车充电服务的能力分为四级,其中一级充电站的蓄电池储存能量不小于6800kW·h,或单路配电容量不小于5000kV·A,一般可以日提供200台次以上大中型商用车的蓄电池更换或充电服务,或可以提供500台次以上乘用车的蓄电池更换或充电服务;二级充电站蓄电池存储能量在3400~6800kW·h之间,或单路配电容量在3000~5000kV·A,一般可以日提供100~200台次以上大中型商用车的蓄电池更换或充电服务,或可以提供200~500台次以上乘用车的蓄电池更换或充电服务;三级充电站蓄电池存储能量在1700~3400kW·h之间,或单路配电容量在1000~3000kW·A之间,一般可以日提供40~100台次以上大中型商用车的蓄电池更换或充电服务,或可以提供100~200台次以上乘用车的蓄电池更换或充电服务;四级充电站的蓄电池存储能量小于1700kW·h,或单路配电容量小于1000kW·A的充电站,可以日提供40台次以下大中型商用车的蓄电池更换或充电服务,或可以提供100台次以下乘用车的蓄电池更换或充电服务。

在电动汽车充电站建设过程中,应遵循节约用地的原则,并充分结合电动汽车的使用特点,将充电站于现有公共服务设施相结合且不影响原有设施的安全与使用功能。为满足交通使用,区域内充电站宜靠近城市道路,但不宜设置在城市干路的交叉路口和交通繁忙路段附近。其中,公共用电动汽车充电站宜设置在公交场站内,其他专用电动汽车充电站设置在相应的停靠站内。同时,充电站不应设在有剧烈振动、高温、地势低洼和可能积水的场所。最后,充电站在选址过程中应符合城市电网规划的要求,重点关注电力系统对电力平衡、供电可靠性、电能质量、自动化等方面的要求。

在充电站安全设置方面,参考加油站的建设规范要求,充电站的设置也需要提前进行环境评价。同时应有整体围栏,充电机附近应设防撞柱(栏),其高度不低于0.8m。充电机的充电插接器放置处应有明显的文字标志和警示标志。充电站要在醒目位置张贴安全警示标志、消防安全标志和图像采集区域标志,并设置火灾自动报警装置。目前,中石化、中石油等石化企业也在积极参与充电基础设施建设,当充电场站与加油加气站共建时,充电设备应与危险性设备划定爆炸危险区域边界线,外缘距离柴油设备均不小于3m。为了保证充电场站的交通秩序和站内流向,充电站的入口和出口应分开设置,车道宽度不小于4m,道路转弯半径不宜小于9m。

2)充电系统及充电设备的分类

根据充电时间的快慢,电动汽车充电可分为快速充电和慢速充电两种方式。快速充电通过外部专业充电设备将交流电转换成直流电后直接通过快充口对动力蓄电池进行充电,一般简称"直流快充";慢速充电将外部交流电经充电桩接入慢充口,经过车载充电机转换为直流电后对动力蓄电池进行充电,一般简称"交流慢充"。

直流快速充电系统由地面充电设备、高压配电系统、动力蓄电池和控制系统构成。地面充电设备一般使用三相交流电源供电(AC 380V),其总成可分为结构部分、配电部分、电源部分和控制系统,其中控制系统包括电源控制系统、计费鉴权系统和通信监测系统。直流快速充电系统具有充电速度快、充电设备自带配线,车辆仅需增加快充接口和相关软件即可实现快速充电功能等特点。但直流快充系统同样也有地面供电设备成本高、配电网要求高等缺点。

交流慢充系统由供电设备、高低压线束、车载充电机、高压配电系统、动力蓄电池及控制系统构成。供电设备包括交流充电桩、充电线缆及插头等,通过充电线束连接充电桩和车辆的交流充电口,将220V交流电供给车载充电机,同时保证供电系统的安全,高低压线束负责将车载充电机输出的高压直流电输送入动力蓄电池。

车载充电机是将220V的交流电转成高压直流电,并提供给动力蓄电池充电,同时要减少对电网的谐波影响,保证供电设备的电源质量。由于车内空间较小且工作环境较恶劣,车载充电机的功率存在一定的限制,同时还需要考虑其尺寸、防水防尘等级(IP等级)、抗振动性能等。从交流电转换到直流电存在一定的损耗并转化为热量,影响设备的使用寿命,因此需要保证车载充电机的散热性能。

3) 充电模式与连接方式

(1) 充电模式:充电模式是指新能源汽车连接到电网,给新能源汽车充电的方法,主要由四种充电模式。

①模式1。将新能源汽车连接到交流电网时,在电源侧使用标准化的插头和插座,在电源侧则使用相线、中性线和接地保护的导体。该种充电模式在新能源汽车充电系统中不再使用。

②模式2。将新能源汽车连接到交流电网时,在电源侧使用标准化的插头和插座,在电源侧则使用相线、中性线和接地保护的导体,同时在充电连接时使用了缆上控制与保护装置。该模式一般指随车带的便携式交流慢充充电枪。

③模式3。将新能源汽车连接到交流电网时,使用专门供电设备,将新能源汽车与交流电网直接连接,并且在专用供电设备上安装控制引导装置。该模式一般指专用交流慢充充电桩。

④模式4。将新能源汽车连接到交流电网或直流电网时,使用带控制引导功能的直流供电设备,即直流快充桩。

(2) 连接方式:连接方式是指使用电缆和插接器将新能源汽车接入电网的方法。主要有三种连接方式。

①连接方式A。如图3-40所示,将新能源汽车和交流电网连接时,使用和电动汽车永久连接在一起的充电电流和供电插头,其中电缆组件是新能源汽车的一部分。

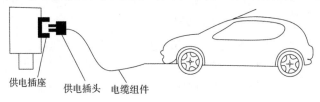

图3-40 连接方式A

②连接方式B。如图3-41所示,将新能源汽车和交流电网连接时,使用带有车辆插头和供电插头的独立的活动电缆组件,可拆卸的电缆既不是车辆也不是充电设备的组成部分。

③连接方式C。如图3-42所示,将新能源汽车和交流电网连接时,使用和供电设备永久性连接在一起的充电电缆和车辆插头,充电电缆组件是充电设备的组成部分。

4) 直流充电系统的组成

(1) 直流快速充电系统的基本组成(图3-43)。直流快速充电系统采用380V三相交流电,经直流快充桩内部的AC/DC转换后输出直流电,通过充电线缆经快速充电口对动力蓄电池直接进行充电。

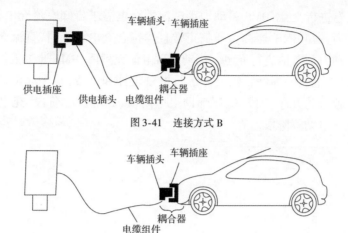

图3-41 连接方式B

图3-42 连接方式C

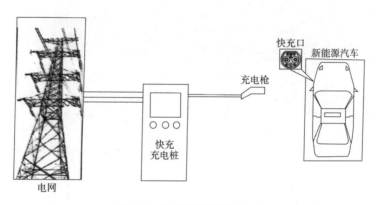

图3-43 直流快充系统基本组成

（2）直流快速充电基本操作流程（图3-44）。直流快速充电的充电功率为30～100kW，甚至更大，依据不同车型的蓄电池参数和电压平台输出不同的功率。随着高性能动力蓄电池技术的不断升级，直流充电机的性能也不断提升，功率也随之增大。由于直流充电电压高、电流大，对供电系统和场地要求较高，因此，直流快充设备普遍设立在充电场站并有人值守。直流快充可在短时间内完成动力蓄电池的能量补充，实现1～5倍充电（即0.2～1h能完成动力蓄电池总能量80%以上的电能补充）。但由于充电电流较大，快速充电模式对动力蓄电池的性能及使用寿命影响较大，因此，通常情况下直流快充只作为能量补充的应急手段。随着动力蓄电池技术及动力蓄电池管理技术的不断提高，快速充电对动力蓄电池的影响也逐步减小。特别是随着纯电动汽车续驶里程增加，动力蓄电池容量不断增大，交流充电桩的充电时间不断延长，因此，大部分纯电动汽车均配备了直流快速充电接口，而部分插电式/增程式混合动力电动车为了保证车辆使用也同样具备快速充电功能。

（3）直流快速充电总体控制流程（图3-45）。直流快速充电运行过程中，直流充电机与BMS直接通信，当通信连接确认正确（充电握手）后，BMS与直流充电机就电压、电流等参数信息进行交互,BMS 将动力蓄电池的充电需求告知直流充电机,直流充电机将其供电能力告知 BMS,当两者通信正常且均符合充电要求时,直流充电机已启动并输出电能对动力蓄电池进行充电。当动力蓄电池充满后,BMS 通过数据端口告知直流充电机,直流充电机随即停止输出并进行电量统计和计费,整个充电过程完成。直流快速充电大致分为几个阶段:低压辅助上电阶段、充电握手阶段、充电参数配置阶段、充电阶段、充电结束阶段。

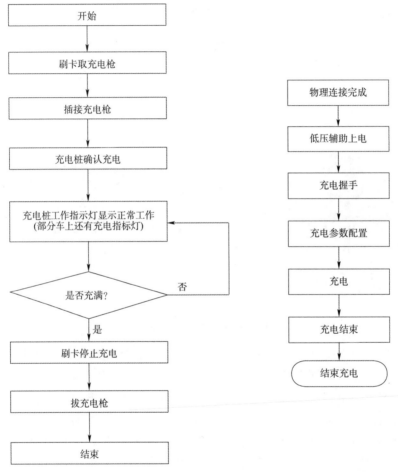

图 3-44 直流快速充电基本操作流程　　图 3-45 直流快速充电总体控制流程

(4)充电握手阶段。电握手阶段分为握手启动阶段和握手识别阶段,当充电机、充电枪和快充插座物理连接成功并通电后,开启低压辅助电源,进入握手阶段,再进行绝缘监测,在绝缘监测结束后进入握手辨别阶段,确定动力蓄电池和充电机的必要信息,主要包含充电机型号、车辆识别码和动力蓄电池型号等。

(5)充电参数配置阶段。充电握手阶段完成后,充电机和 BMS 进入充电参数配置阶段。在此阶段,充电机向 BMS 发送充电机最大输出能力的报文,BMS 根据充电机最大输出能力判断是否能够进行充电。

(6) 充电阶段。充电参数配置阶段完成后，充电机和 BMS 进入充电阶段。在整个充电阶段，BMS 实时向充电机发送动力蓄电池充电需求，充电机根据动力蓄电池充电需求来调整充电电压和充电电流，以保证充电过程正常进行。在充电过程中，充电机和 BMS 相互发送各自的充电状态。此外，BMS 根据要求向充电机发送动力蓄电池具体状态信息及电压、温度等信息。BMS 根据充电过程是否正常、动力蓄电池状态是否达到 BMS 自身设定的充电结束条件以及是否收到充电机终止充电报文来判断是否结束充电。充电机根据是否收到停止充电指令、充电过程是否正常、是否达到设定的参数值或者收到 BMS 终止充电报文来判断是否结束充电。

(7) 充电结束阶段。当确认停止充电后，双方进入充电结束阶段。在此阶段，BMS 向充电机发送整个充电过程中的充电统计数据，包括初始和终了时的动力蓄电池荷电状态（State of Charge, SOC）、动力蓄电池最低电压和最高电压。充电机收到 BMS 的充电统计数据后，向 BMS 发送整个充电过程中的输出电量、累计充电时间等信息，最后停止低压辅助电源的输出。

5) 直流快速充电接口要求

为统一各整车企业和充电设施生产企业的连接要求，保证车辆在使用过程中可以顺利完成直流快速充电，我国制定了直流充电相应的国家标准，其中《电动汽车传导充电用连接装置　第3部分：直流充电接口》（GB/T 20234.3—2023）规定了直流快充接口的基本要求。

直流充电接口的额定值，直流快充接口的额定值见表 3-11。

直流快充接口额定值　　表 3-11

额定电压（V）	额定电流（A）
750	125
	250

直流快充接口包含 DC 插头、CC1/2 等 9 对插头，接口布置如图 3-46 所示，其电气功能值和功能定义见表 3-12。

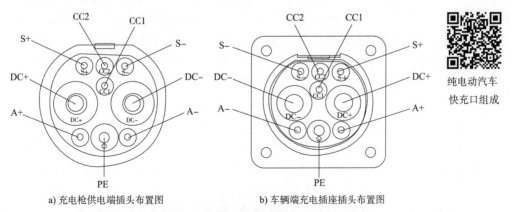

a) 充电枪供电端插头布置图　　b) 车辆端充电插座插头布置图

图 3-46　直流快充口布置图

纯电动汽车快充口组成

直流快充充电接口插头电气参数及功能定义　　　　表 3-12

插头编号/标志	额定电压和额定电流	功能定义
1 – (DC +)	750、125A/250A	直流电源正极,连接直流电源正极与电池正极
2 – (DC –)	750V、125A/250A	直流电源负极,连接直流电源负极与电池负极
3 – (GND)	—	保护接地(PE),连接供电设备地线和车辆地线
4 – (S +)	30V、2A	充电通信 CAN-High,连接充电机与电动汽车的通信线
5 – (S –)	30V、2A	充电通信 CAN-Low,连接充电机与电动汽车的通信线
6 – (CC1)	30V、2A	充电连接确认 1
7 – (CC2)	30V、2A	充电连接确认 2
8 – (A +)	30V、20A	低压辅助电源正极,连接充电机为电动汽车提供的低压辅助电源
9 – (A –)	30V、20A	低压辅助电源负极,连接充电机为电动汽车提供的低压辅助电源

6)交流慢充系统的组成

如图 3-47 所示,交流慢充系统包括插座、缆上控制盒、慢充口等。交流充电桩经过一定稳压限流后给车载充电机供电,车载充电机再经 AC/DC 转换器整流稳压后对动力蓄电池进行充电。

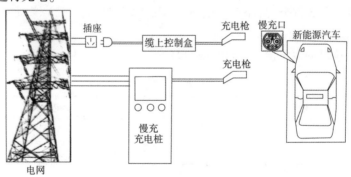

图 3-47　交流慢充系统的基本架构

由于受到车载充电机的功率限制,交流慢充充电功率一般在 3~10kW 范围内,目前各整车生产企业的纯电动汽车、插电式/增程式混合动力电动汽车均配备慢充充电接口。慢充接口还可以通过线缆安装插头,直接接入 AC 220V 16A 插座。

在交流慢充系统中,首先将充电枪的车辆端口接入汽车慢充充电口,再将充电桩端接入交流充电桩接口,或将插头接入市电插座。待各部件自检完成后,即可合闸或启动开关进行交流充电。

充电过程中,动力蓄电池管理系统将电池组的充电电压、交流电流等充电需求状态告知充电机,充电机根据动力蓄电池的充电需求,依据设定的策略输出电压、电流值,对动力蓄电池进行充电。在慢充充电中,交流充电桩或充电线缆控制盒的主要作用为:

(1)为车载充电机提供 220V 交流电输入。

(2)当充电枪与慢充口断开时,切断控制盒/慢充充电桩至充电枪的电路。

(3)显示充电状态。

此外,交流慢充充电桩或线缆控制盒还能提供计费服务的功能,通过联网记账,智能集成电路(Integrated Circuit,IC)卡虚拟计费实现计算。图3-48所示为交流慢充充电基本操作流程。

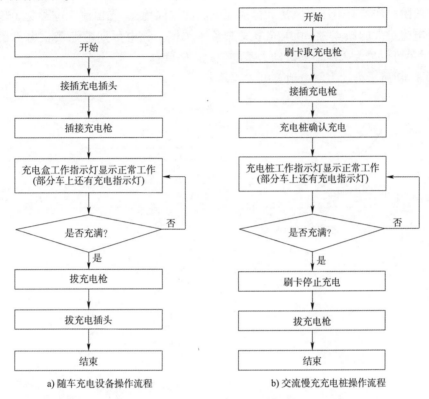

图3-48 交流慢充充电基本操作流程

7)交流慢充的充电方式

动力蓄电池的充电过程对动力蓄电池的性能及寿命有一定的影响,合理的充电方式对保护动力蓄电池意义重大。按照动力蓄电池的最佳曲线充电,考虑会大大降低蓄电池的充电时间,并且会减小对电池造成的危害以及对电池的寿命及容量的影响,目前交流慢充充电方法包括恒流充电、恒压充电和两阶段充电法三种。

(1)恒流充电法。恒流充电法在整个充电过程中电流保持恒定不变,在充电过程中,由于动力蓄电池内阻的增加,它两端的电压会慢慢增加,当达到动力蓄电池的额定电压时就认为其已充满。恒流充电的特点是控制比较简单,但是在充电的整个过程中,动力蓄电池的接收电流的能力是呈下降的趋势,因此,使用后期会不利于动力蓄电池的长期维护。

(2)恒压充电法。与恒流充电法相似,恒压充电法是在充电过程中电压保持不变,电流逐渐减小,当减小到接近0的设定值时认为动力蓄电池电已充满。恒压充电法控制也比较简单,由于其充电曲线和最佳充电曲线接近,因此有利于动力蓄电池的维护和寿命。但是由于充电开始时动力蓄电池内阻较小,因此充电电流很大,会造成动力蓄电池一定程度的受损。

(3)两阶段充电法。交流充电两阶段充电法综合了恒流充电法和恒压充电法的特点,在充电开始时,采用恒流限压充电模式,当电压达到一定值时,改为恒压限流充电模式。两阶段法具有恒压充电法和恒流充电法的共同优点,先恒流充电避免了单恒压充电时电流过大的缺点,后恒压充电又避免了单恒流充电后期电池接收力不足的问题,同时还可以最大限度地缩短动力蓄电池充电时间。

图3-49所示为动力蓄电池充电方式。

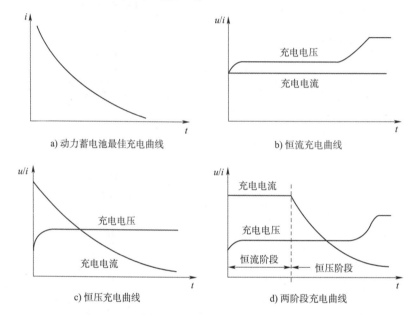

图3-49 动力蓄电池充电方式

8)交流充电口要求

为了推进新能源汽车的发展,实现充电设施的规范统一,针对交流充电设施,我国制定了《电动汽车传导充电用连接装置 第2部分 交流充电接口》(GB/T 20234.2—2011)等,规定了交流慢充接口的基本要求及相关事宜。

交流慢充充电接口(图3-50)的额定电压与电流为250/440V和16/32A。

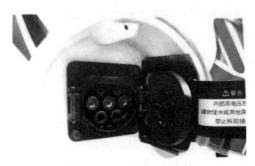

图3-50 交流慢充充电接口

交流慢充充电口包含7对插头,其布置图如图3-51所示,电气功能值和功能定义见表3-13。

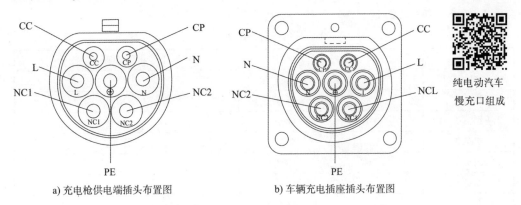

a) 充电枪供电端插头布置图　　　b) 车辆充电插座插头布置图

图3-51　交流慢充充电口布置图

交流慢充充电口插头电气参数及功能定义　　　表3-13

插头标号/标志	额定电压和电流	功能定义
1-(L)	250/440V、16/32A	交流电源
2-(NC1)	—	备用插头
3-(NC2)	—	备用插头
4-(N)	250/440V、16/32A	中线
5-(GND)	—	保护接地,连接供电设备地线和车身地线
6-(CC)	30V、2A	充电连接确认
7-(CP)	30V、2A	控制确认

9) 车载充电机及其功能

具备通过CAN-High网络与BMS通信的功能,判断动力蓄电池连接状态是否正确;获得动力蓄电池系统参数及充电前和充电过程中整组和单体蓄电池的实时数据。

可通过CAN-High网络与车辆监控系统通信,上传充电机的工作状态、工作参数和故障告警信息,接受启动充电或停止充电控制命令。

完备的安全防护措施:交流输入过压保护功能、交流输入欠压告警功能、交流输入过流保护功能、直流输出过流保护功能、直流输出短路保护功能。

10) DC/DC转换器的基本功能

DC/DC转换器的作用是将动力蓄电池的高压电转为低压电给蓄电池及低压系统供电相,当于传统汽车的发电机,具有效率高、体积小、耐受恶劣工作环境等特点。

(二)制订工作方案

1. 任务分组(表3-14)

学生任务分配表　　　　　　表3-14

班级		组号		指导老师	
组长		学号			
组员1		学号			
组员2		学号			
组员3		学号			
组员4		学号			
组员5		学号			
组员6		学号			
任务分工					

2. 工量具、仪器设备与耗材准备

(1)使用的工量具有:_____。

(2)使用的仪器设备有:_____。

(3)使用的耗材有:_____。

3. 具体方案描述

_____

_____

_____

_____

三、计划实施

(一)安全注意事项及技能要点

1. 安全注意事项

(1)不能佩戴首饰、钥匙,不能披长发。

(2)正确检查及佩戴安全防护用具。

(3)正确使用举升机。

2. 技能要点

(1)检查各油液液位是要使用手电筒。

(2)车内检查各挡位换挡时脚踩制动踏板,并拉起变速器操纵杆。

(3)使用万用表之前先校零。

(二)起动及充电系统检查

1. 电源系统检查及操作

电源系统的检查与操作方法见表3-15。

电源系统的检查与操作方法　　　　　　　　表3-15

步骤	操作方法及说明	质量标准及记录
1. 低压蓄电池检查	(1)目视检查低压蓄电池桩头有无松动。 (2)用万用表测量低压蓄电池静态电压是否正常,标准值12V左右	□桩头无松动 □桩头松动 □电压正常 □电压不正常
2. 动力蓄电池包检查	举升车辆到一定高度,检查动力蓄电池包有无损伤、螺栓漆标是否正常	□电池包无损伤 □电池包有损伤 □螺栓漆标正常 □螺栓漆标不正常

2. 起动系统检查及操作

起动系统的检查与操作方法见表3-16。

起动系统的检查与操作方法 表3-16

步骤	操作方法及说明	质量标准及记录
1. 钥匙功能检查	(1)检查钥匙解锁车辆功能是否正常。 (2)检查钥匙锁车功能是否正常	□解锁功能正常 □解锁功能不正常 □锁车功能正常 □锁车功能不正常
2. 一键起动功能检查	(1)解锁驾驶室车门,进入驾驶室,检查挡位是否为P挡,变速器操纵杆是否拉起。 (2)踩下制动踏板,按下一键起动开关,观察车辆是否能上高压电	□挡位为P挡 □挡位不为P挡 □变速器操纵杆拉起 □变速器操纵杆未拉起 □能上高压电 □不能上高压电

续上表

步骤	操作方法及说明	质量标准及记录
2. 一键起动功能检查	 	

3. 充电系统检查及操作

充电系统的检查与操作方法见表3-17。

充电系统的检查与操作方法　　　　　　　　表3-17

步骤	操作方法及说明	质量标准及记录
1. 慢充充电口检查	打开慢充充电口,用手电筒检查有充电口有无异物、有无损伤 	□有异物 □无异物 □有损伤 □无损伤

续上表

步骤	操作方法及说明	质量标准及记录
2. 快充充电口检查	打开快充充电口,用手电筒检查有充电口有无异物、有无损伤	□有异物 □无异物 □有损伤 □无损伤
3. 随车充电枪配备检查	打开行李舱,检查是否配备充电枪	□有 □无
4. 检查随车充电枪是否能进行慢充充电	(1)检查随车充电枪枪口有无异物、有无损伤。 (2)确保车辆下电,打开车载慢充接口,插上随车充电枪,连接电源,观察仪表指示灯点亮情况,看车辆能否充电	□有异物 □无异物 □有损伤 □无损伤 □充电连接指示灯点亮 □充电连接指示灯未点亮 □充电确认指示灯点亮 □充电确认指示未灯点亮 □正常充电 □不能正常充电

续上表

步骤	操作方法及说明	质量标准及记录
4.检查随车充电枪是否能进行慢充充电	 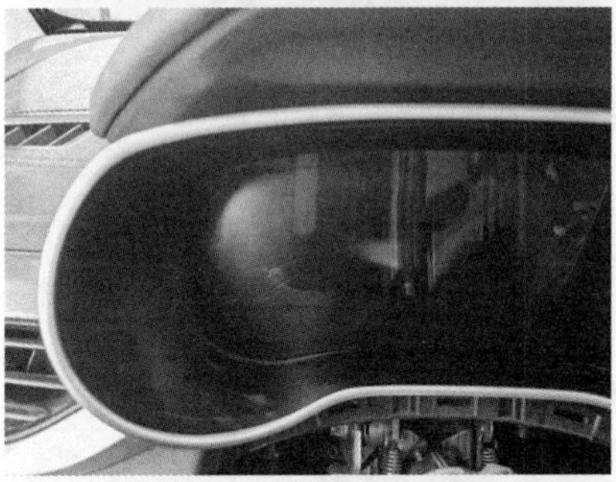 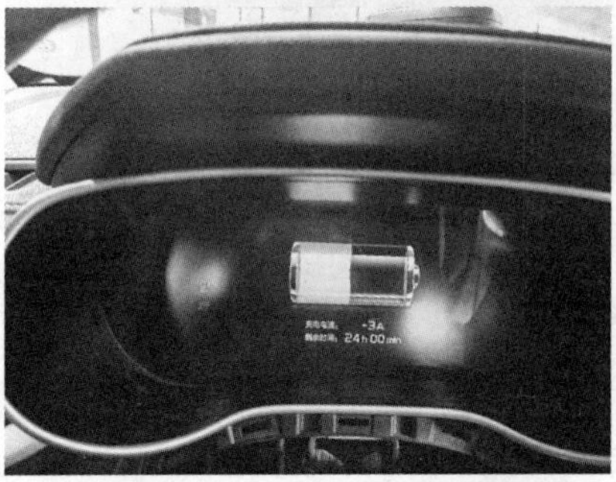	

四 评价反馈

评价表见表3-18。

评价表　　　　　　　　　　　　　表3-18

评分项目	评分标准	分值(分)	得分(分)
学习目标	能明确本任务的知识、技能、素养目标、理解任务在工作中的重要程度	5	
工作任务分析	能清晰描述完成本次工作任务内容	2	
	能清晰描述完成本次工作任务需要必备的技能与知识点	2	

续上表

评分项目	评分标准	分值(分)	得分(分)
有效信息获取	能描述 PDI 检查的目的	5	
	能描述新车 PDI 检查的项目	5	
	能描述动力蓄电池类型	6	
	能正确使用设备充电	5	
实施方案制订	能清晰地制订并填写本次车辆 PDI 检查的准备计划	5	
	能组织或协同工作小组成员,明确本次任务所需仪器、设备、工具、材料的准备与清点,并准备记录	5	
	能组织或协同工作小组成员交流,优化检查方案并记录	3	
任务实施	能正确检测低压蓄电池静态电压	5	
	能正确检查动力蓄电池螺栓漆标及紧固	5	
	能正确检查动力蓄电池外观	5	
	能正确检查交流充电口、直流充电口	5	
	能正确检查充电枪	5	
	能正确使用充电枪对汽车进行充电	5	
	能正确操作汽车上下电	5	
任务评价	能通过本次任务实施,结合自己在实训过程中的表现,进行自我评价及自我反思并记录	2	
职业素养	按照规定时间完成项目作业	5	
	遵守实训室管理规定、劳动纪律	5	
	积极参与课堂活动、回答问题	5	
	能够按时出勤	5	
总计		100	

改进建议:

教师签字:
日期:

学习活动4　照明及仪表系统功能检查

一、明确任务

王先生订购的吉利几何 G6 到店,为确保新车交付的顺利完成,小李作为 4S 店的一名技师,在接到新车的 PDI 检查任务后应该如何对照明及仪表系统进行功能检查?

二、工作准备与计划制订

(一)知识准备

1. 照明系统

1)照明系统概况

汽车照明系统主要用于汽车的夜间行车照明,提示汽车的行车状态,是汽车行车安全的重要保证,主要包括照明灯和信号灯。

照明灯根据位置分为室内照明灯和室外照明灯,室外照明灯包括_____、_____、_____、牌照灯、迎宾灯等;室内照明灯主要包括脚部照明灯、杂物箱灯、前乘员侧门氛围灯、中控台氛围灯、阅读灯、驾驶人侧门氛围灯等;阅读灯有前后侧向阅读灯之分。

信号灯根据位置分为室外信号灯和室内信号灯,主要起提示预警作用,室外信号灯主要包括:_____、前位置灯,昼行灯,高位制动灯,后位置灯、制动灯、_____、_____ 和_____等。室内信号灯泛指仪表板上的指示灯,转向信号灯有前后侧转向信号灯之分,前转向灯位于保险杠上,侧转向灯位于外后视镜上。

2)汽车照明灯

近光灯(图 3-52),位于前照灯总成内,目前已日渐普及使用发光二极管(Light Emitted Diode, LED)作为近光灯源,满足行车照明需要。近光灯照射范围大,距离近,照射角度低,不会刺眼或者影响对面来车和前方车辆的视线。

远光灯(图 3-53),是夜间照明不足时,为了增加驾驶人的视线范围和清晰度而设计的。远光灯照射距离较远,能够照亮较远的路面和障碍物,帮助驾驶人及时发现并处理险情。

图 3-52　近光灯

图 3-53　远光灯

小贴士

(1) 远光灯的照射角度较高,容易晃到对面来车和周围行人的眼睛,影响他人视线,甚至造成交通事故。因此,在开启远光灯时,需要注意对向车辆和行人,尽量避免影响他人。

(2) 在夜间会车时,如果对方车辆没有关闭远光灯,可以通过几次闪光提醒对方关闭远光灯,如果对方一直没有关闭,可以选择减速慢行,避免影响到行车安全。

(3) 在使用远光灯跟车时,也要注意与前方车辆的距离和速度,避免因远光灯造成前方车辆视觉干扰而发生交通事故。

前雾灯,用于在雨雾天气中提高驾驶人与周围交通参与者的能见度,同时起到安全警示的作用。前雾灯一般为黄色,因为黄色光的波长较长,穿透力强,能够帮助驾驶人在雨雾天气中更好地看清路况。

> **小贴士**
>
> 目前包括吉利几何 G6 在内的许多新上市汽车都取消配备前雾灯,一方面根据《机动车用前雾灯配光性能》(GB 4660)、《汽车及挂车外部照明和光信号装置的安装规定》(GB 4785)规定,汽车后雾灯是刚需配置,前雾灯属于选配;另一方面,因为日间行车灯普及、汽车前照灯总成及探测器的升级迭代,前照灯照明能力增强,前雾灯功能已被逐步取代。

牌照灯(图 3-54),是夜间或者天色比较暗的时候和示廓灯一起打开,用以照亮牌照的灯具,帮助其他车辆更好地识别车辆身份。

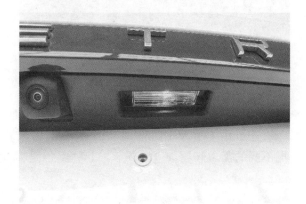

图 3-54 牌照灯

充电口照明灯(图 3-55),位于充电口,当车辆充电口盖打开时,提供照明,方便车辆充电操作。

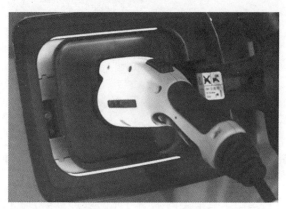

图 3-55 充电口照明灯

迎宾灯(图 3-56),通常安装于汽车门框和后视镜上,打开车门时,迎宾灯点亮,照亮地面,使上下车更加方便和安全。汽车迎宾灯常用 LED 和镭射两种灯芯,镭射迎宾灯相对投影效果更好。

图 3-56 迎宾灯

内顶灯（图 3-57，阅读灯），是当车内光线不足时，为乘客阅读地图、书籍或者其他读物时提供照明的灯具，还可用于示警车门是否可靠关闭，通常安装在车内顶部。此外，内顶灯还可以根据不同的需求和场景进行调节，如亮度、色温、颜色等，可以满足不同的使用需求。

图 3-57 内顶灯

照脚灯（图 3-58），用于照明前后搁脚区域，包括驾驶人踏板区域的灯具，通常安装在车底部或仪表板下方。

氛围灯（图 3-59），是用于营造车内氛围灯光的装饰灯具，通常位于车内顶部或中部。氛围灯的种类和颜色也非常丰富，可以根据不同的车型和车主的个人喜好进行选择和搭配。一些高端车型的氛围灯甚至可以进行智能控制，与车内其他设备进行联动，提升驾乘体验。

化妆镜灯（图 3-60），是用于乘客看化妆镜时，提供温和均匀照明的灯具，通常位于车内顶部或中部。

图 3-58　照脚灯

图 3-59　氛围灯

图 3-60　化妆镜灯

杂物箱灯（图 3-61），是用于乘客在杂物箱中存取物品时提供照明的灯具，通常位于杂物箱内部。

行李舱灯（图 3-62），是用于行李舱提供照明的灯具，通常位于行李舱内部。

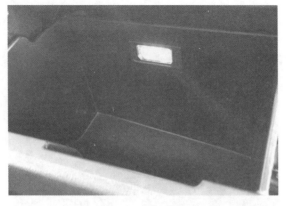

图 3-61　杂物箱灯

图 3-62　行李舱灯

拓展阅读　　　　　　　　　　汽车灯具发展历程

汽车灯具的发展历经白炽车灯（图 3-63）、卤素车灯（图 3-64）、氙气车灯（图 3-65）、LED 车灯（图 3-66）及激光车灯（图 3-67）等多个阶段。

图 3-63　白炽车灯

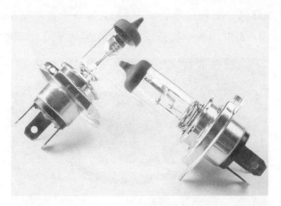

图 3-64　卤素车灯

图 3-65　氙气车灯

图 3-66　LED 车灯

（1）白炽车灯。1925 年前后，螺旋钨丝白炽灯替代了碳丝白炽灯，照射强度提升了 50%。同时螺旋钨丝白炽灯抗震动性比碳丝灯有了长远进步，白炽灯作为车辆大灯的广泛使用标志着车辆灯光技术正式告别"明火时代"，步入汽车照明电气化发展的历史。

（2）卤素车灯。20 世纪 60 年代，由于螺旋钨丝白炽灯发光效率和使用效率较低，逐步被卤素灯所取代，作为钨丝白炽灯的升级版，卤素车灯在原有的灯泡中注入了氯气和碘气两种元素,点亮后灯泡中的钨元素会被中和,这样一来灯罩不会变黑,并且亮度提升1.5倍,灯泡寿命延长2~3倍。第一辆搭载海拉H4卤素车灯的车型是奔驰350SL。

图3-67 激光车灯

卤素车灯出现时间比较久,技术也相对比较成熟,属于车灯中的低端产品。卤素车灯有结构简单、价格便宜,出现故障后,比较容易更换。别看便宜,因为车灯发黄,穿透力很强,在暴雨或者大雾能见度很低的情况下,它的穿透力也大于其他色温高的产品。但不足之处就是亮度有限,寿命较短。

(3)氙气车灯(高压气体放电灯)。1992年,海拉与博世分别发布了其旗下的首款氙气技术车灯。此后卤素车灯逐步被氙气车灯取代。卤素车灯和氙气车灯的名字都跟气体有关,不过氙气车灯中气体不像卤素车灯那样是延长钨丝的寿命,而是为了产生光源。氙气车灯作为重金属灯,通过在抗紫外线水晶石英玻璃管内填充多种化学气体,如氙气等惰性气体,然后再透过增压器将车载12V电源瞬间增至23000V,在高电压下,氙气会被电离并在电源两极之间产生光源。氙气车灯发出的光比卤素车灯更白更亮,寿命更长。但它的发光原理导致了它的启动速度比较慢,并且相比卤素车灯多了整流器、安定器等电源组件,结构更加复杂,成本也远高于卤素车灯。

(4)LED车灯。LED技术从20世纪60年代开始发展,起初LED用作仪器仪表的指示光源,2004年,奥迪A8W12轿车上首次搭载LED车灯。LED车灯上有个通俗的名字:发光二极管,它是一种能够将电能转化为可见光的固态的半导体器件,它可以直接把电转化为光。它的结构并不复杂,优点是更节能、反应快、亮度高、体积小、寿命长,可以使用6万~10万h。它的缺点是穿透性并没有卤素车灯好。值得一提的是,因为LED车灯的发光元件体积较小,因此可以做成各种形状,灵活地分布在灯腔内部制作成一种矩阵式的自适应LED车灯,照射到道路上的不同区域。

(5)激光车灯。2014年,BMW i8首先搭载激光车灯,相较于氙气车灯和LED车灯,激光车灯的亮度更高,可以通过一个镜片控制激光光束的方向,有指向性地照射到前方,照射距离也是LED远光灯的两倍。激光车灯的内部有数百个可以单独调节的反光镜,可以针对道路的不同区域自行调节。这种车灯的优点是更加节能,体积比LED车灯更小。因为成本太高,目前激光车灯的普及率还比较低,只见于少数高端车型。

出于安全性考虑,激光远光灯只有在达到一定速度时才能开启,主要用于夜间高速公路路段的照明。

> **拓展阅读**　　　　自动车灯与矩阵式LED车灯

自动车灯(图3-68)这一项配置出现得比较早,如今已基本普及,它通过光线感应器控制车灯自动开关,在更加方便地进行驾驶操作的同时能够避免一些驾驶人因忘开车灯导致的危险。

此外,越来越多的车辆配备了"自动远近光"功能(图3-69),该功能可以根据当前的车速和前方路况自动控制远光灯的开关。当驾驶人在路况允许的情况下忘开远光灯时,车辆会自动开启远光灯以增加视野;当会车时驾驶人忘记关远光灯时,车辆会自动关闭远光灯以减少对向车辆的眩目,增加驾驶安全性。

图3-68　自动车灯

图3-69　自动远近光功能

在矩阵式LED车灯还没有普及的年代,车灯随动转向功能是一个非常高级的存在,能够有效减少弯道照明盲区,提高行车安全性。图3-70显示了车灯随动转向功能的应用。

随着矩阵式LED车灯的出现,车灯可实现的照明效果更丰富,照明范围越来越大,夜间行车安全性也越来越高。

几何多光束车灯由近100颗独立LED发光单元组成,可进行100次/s的智能扫描,根据实时照明需求来控制LED发光单元,以实现更加优秀的照明效果。

如图3-71所示,位于风窗玻璃上的传感器将实时采集到的环境信息传递给计算机,计算机通过控制LED发光单元的组合来实现不同的照明效果。

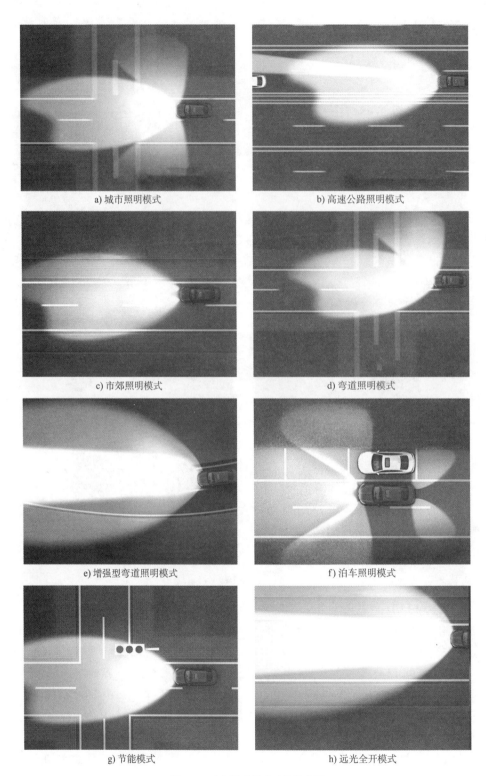

图 3-70 车灯随动转向功能的应用

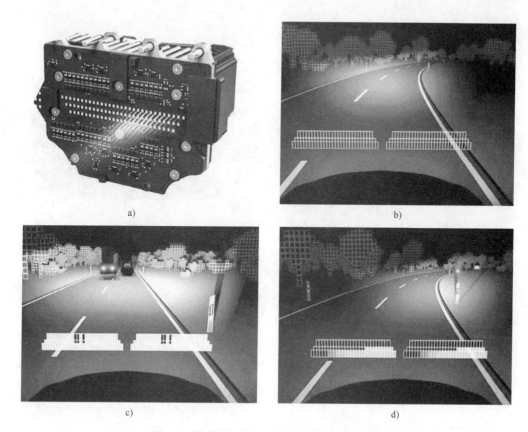

图 3-71 传感器及几何多光束车灯的不同照明效果

3）汽车信号灯

（1）转向灯。（图 3-72）转向灯用于引起周边车辆及行人注意，传达驾驶人驾驶意图。转向灯灯管采用氙气灯管，通过单片机控制电路，以实现智能化控制和左右轮换频闪不间断工作。同时，闪光器也是转向灯的重要组成部分，它通过闪烁电路实现灯光闪烁，使转向灯更加醒目和易于识别。

图 3-72 转向灯

（2）前、后位置灯（图 3-73）。前位置灯和后位置灯是汽车照明系统中的重要组成部分，分别位于汽车前部和后部的特定位置，可以提高车辆的可见性，降低事故风险，保障人员和车辆的安全。

 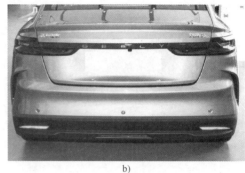

a) b)

图 3-73 前后位置灯

前位置灯,也称示廓灯,其作用是在夜间或暗光环境下,为车辆周围的人或车辆提供可见性。它通常位于汽车前部的两侧。

后位置灯,也称停车灯或示廓灯,位于汽车后部的两侧,其作用与前位置灯类似,也是为了在夜间或暗光环境下提供可见性。以警示和提示其他车辆或行人注意本车的存在。

(3) 昼行灯(图3-74,日间行车灯)。昼行灯是一种安装在车辆前部的信号灯。它的主要作用是使车辆在白天行驶时更容易被识别,增加车辆的可见性,从而提高行车安全性。

图 3-74 昼行灯

(4) 制动灯(图3-75)。制动灯开关被触发时(包括驻车制动器操纵杆),制动灯就会亮起。制动灯的主要作用是提示后车驾驶人自己的车正在减慢速度或即将停车,以便后车驾驶人可以提前作出相应的驾驶调整。高位制动灯一般安装在车尾上部,以便后面行驶的车辆易于发现前方车辆制动,避免追尾事故的发生。高位制动灯在汽车制动时会亮起,以警示后面行驶的车辆。没有高位制动灯的车辆,特别是底盘较低的轿车和微型汽车,在制动时由于后制动灯位置较低,亮度也不够,因此容易造成后车驾驶人视觉遗漏,从而发生追尾事故。

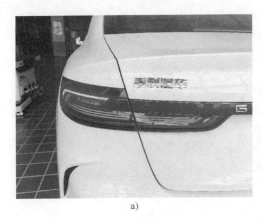
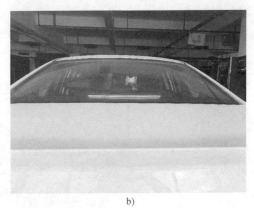

a)   b)

图 3-75 制动灯

(5)倒车灯(图 3-76)。倒车灯位于汽车尾部,通常用于警告车后的车辆和行人并照亮车后路面,表示该车正在倒车。倒车灯开关与倒挡相连,因此当驾驶人挂入倒挡时,倒车灯就会自动亮起。根据国家相关规定,长度小于 6m 的车辆必须安装一个倒车灯,设计师在设计汽车时也习惯将左雾灯、右倒车灯置于后保险杠上。

图 3-76 倒车灯

(6)危险报警闪光灯(图 3-77)。危险报警闪光灯是一种提醒其他车辆与行人注意本车发生了特殊情况的信号灯。在紧急或特殊情况下,例如牵引拖车、车辆故障、事故等,危险报警闪光灯会自动闪烁,以示警告。

(7)后雾灯(图 3-78)。后雾灯一般是红色的,而前雾灯通常为黄色,以追求好的穿透力。后雾灯的主要作用是对后方的车辆或行人进行警示,减少交通事故的发生。根据规定,后雾灯的数量可以是一个或两个,并且必须至少有一个后雾灯装在左侧。

2. 仪表

为了使驾驶人能够随时掌握汽车及各系统的工作情况,汽车仪表通过获取需要的数据并采用合适的方式显示出来给驾驶人所需的汽车运行参数信息。传统燃油车仪表信息包括速度里程、转速、油量、冷却液温度、仪表指示灯等。在纯电动车型中，油量信息被蓄电池包电量信息替代，不再显示转速信息。

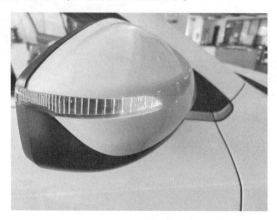

图 3-77　危险报警闪光灯

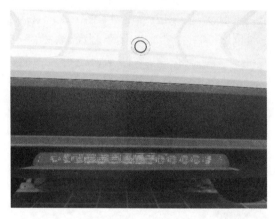

图 3-78　后雾灯

汽车仪表盘指示灯（图 3-79）分为三类，分别是指示、警示和故障，第一类是我们平时开车最常见的指示灯，例如灯光信号灯、转向信号灯、驻车灯等，它们的作用是提示车辆各功能的状况。

比亚迪 e5
仪表盘组成

图 3-79　汽车仪表盘指示灯

第二类是警示灯，具有警示功能，例如燃油指示灯、车门状态指示灯、安全带指示灯等。一般警示灯在驾驶人进行相应动作后熄灭，例如安全带指示灯，当系上安全带后,安全带指示灯会熄灭。

第三类是故障指示灯,也是最重要的指示灯,例如发电机故障指示灯、防抱死制动系统(Antilock Braking System,ABS)故障指示灯、变速器故障指示灯等。一般这些故障指示灯平时很少会点亮,或者在起动发动机时,会点亮片刻后熄灭,如果故障指示灯常亮,并且伴有警告声,表明车辆已经出现故障或者异常。千万不要小看故障指示灯,如果忽视不管,很有可能损坏车辆,严重的会危及行车安全。如果故障指示灯常亮,需要立刻进行检修。

常见指示灯的图标显示见表3-19。

常见指示灯图标显示　　　　　　　　　表3-19

图标	含义	图标	含义
	示廓灯		近光灯
	远光灯		前雾灯
	转向灯		自适应巡航控制
	冷却液温度指示灯		电源警告灯
	发动机故障指示灯		安全气囊警告灯
	ABS警告灯		灯泡故障指示灯
	机油压力警告灯		安全带指示灯

续上表

图标	含义	图标	含义
	前机舱盖打开指示灯		充电指示灯
	动力系统故障指示灯		车辆充电指示灯
	动力蓄电池故障指示灯		胎压报警灯
	驱动电机故障指示灯		功率限制指示灯

拓展阅读　　　　　　　　　　仪表盘发展历程

汽车仪表盘作为汽车与驾驶人交互的窗口,各项指标基本都是通过仪表盘显现。随着汽车行业高速发展和不断革新的技术,仪表盘也经历过几次变革,不管形态还是功能,都发生了巨大变化,可以说这是汽车制造技术进步的体现,也是汽车历史发展的缩影。

第一代:机械仪表盘(图3-80)。当时人们并不重视仪表盘,基本把它归入电表、水表的功能范畴中,技术上也主要以传统的热式和动磁式(空心线圈机芯)等为主。不过这也受当时的技术所限。

图3-80　机械仪表盘

第二代:电子仪表盘(图3-81)。人们开始意识到仪表盘的功能作用被轻视了,同时20世纪90年代以来,电子技术不断发展,于是促使了汽车仪表盘的革新。从真空荧光显示屏(VFD),发展到采用液晶显示器(LCD)、小尺寸薄膜晶体管显示器(TFT),仪表盘在视觉上、功能上越来越让人赏心悦目。汽车仪表盘也步入了电气仪表盘时代。

图 3-81　电子仪表盘

第三代:数字仪表盘(图 3-82)。如果说以上这些还保留机械指针,到了如今什么都讲究"大屏"的时代,它们已经不能满足审美需求。在一些高端车型上,甚至完全抛弃了机械指针,而使用全数字仪表盘,也就是第三代的虚拟仪表盘。

图 3-82　数字仪表盘

第四代:HUD(图 3-83,抬头显示)。HUD(抬头显示)也称平视显示器,最早是运用在航空器上的飞行辅助仪器。HUD 利用光学反射的原理,将重要的数据资讯投射在前风窗玻璃上,通过投影降低驾驶人需要低头查看仪表的频率,避免注意力中断,提升驾驶过程中的方便性和安全性。

图 3-83　HUD

(二)制订工作方案

1. 任务分工(表3-20)

表3-20

学生任务分配表

班级		组号		指导老师	
组长		任务分工			
组员1		任务分工			
组员2		任务分工			
组员3		任务分工			
组员4		任务分工			
组员5		任务分工			
组员6		任务分工			

2. 工量具、仪器设备与耗材准备

(1)使用的工量具有:_____。

(2)使用的仪器设备有:_____。

(3)使用的耗材有:_____。

3. 具体方案描述

_____

_____

_____

_____

三 计划实施

(一)安全注意事项及技能要点

1. 安全注意事项

(1)不能佩戴首饰、钥匙,不能披长发。

(2)正确检查及佩戴安全防护用具。

2. 技能要点

(1)按照PDI检查要求,检查照明及仪表系统。

(2)正确操作灯光开关,完成灯光检查。

(二)照明及仪表系统功能检查

照明系统功能检查见表3-21。

灯光检查

表 3-21 照明系统及仪表功能检查操作方法及说明

步骤	操作方法及说明	注意事项及记录
车内三件套铺设	(1)把底板垫展开,有文字或者字母的一面朝上。把底板垫平放在转向盘下方底板上,使底板垫完全贴合底板。 (2)将转向盘套安装在转向盘的上端,将整个转向盘套入保护套内。 (3)双手捏住座椅套的边角,把座椅套从座椅靠背上部套入并轻轻下拉,按照座椅形状将座椅套完整套入,并紧贴座椅	(1)正确铺设地板垫、转向盘套及座椅套。 (2)转向盘套及座椅套要安装到位、贴合。 (3)三件套为易损件,安装时应避免撕破
仪表功能检查	(1)安装车轮挡块。 (2)携带智能钥匙上车,踩制动踏板,挂挡上电。 (3)观察仪表盘显示是否正常,仪表盘指示灯是否先点亮后熄灭	仪表指示灯上电后,先自检点亮,而后熄灭 □检查安全带指示灯是否正常 □指示灯异常记录
照明系统功能检查	(1)日间行车灯功能检查。 ①车辆上电状态下,当灯光选择按钮处于"AUTO"挡位时,日间行车灯默认开启。 ②灯光选择按钮选择日间行车灯挡位,日间行车灯开启。 ③查看仪表盘日间行车灯指示灯(示廓灯),及日间行车灯照明情况。 (2)近光灯功能检查。 ①当灯光选择按钮处于"AUTO"挡位时,照明不足情况下,近光灯自动开启。 ②灯光选择按钮选择近光灯挡位,近光灯开启。 ③查看仪表盘近光灯指示灯及近光灯照明情况。	□日间行车灯灯光控制按钮功能检查 □仪表盘日间行车灯指示灯状态检查 □日间行车灯功能检查问题记录: □近光灯灯光控制按钮功能检查 □仪表盘近光灯指示灯状态检查 □近光灯功能检查问题记录:

续上表

步骤	操作方法及说明	注意事项及记录
照明系统功能检查	(3)远光灯功能检查。 ①前拨灯光控制杆,远光灯开启,松手后灯光控制杆自动复位,远光灯熄灭。 ②灯光控制杆后拨,远光灯开启并常亮,松手后灯光控制杆不会自动复位。 ③查看仪表盘远光灯指示灯,及远光灯照明情况。 (4)转向灯/危险警报灯功能检查。 ①依次下、上拨动灯光控制杆,左、右转向灯开启,灯光控制杆回拨复位,转向灯熄灭。 ②拨动灯光控制杆,转向灯开启后,根据转向灯方向转动转向盘并复位,灯光控制杆自动复位,转向灯关闭。 ③查看仪表盘转向灯指示灯(转向灯指示灯规律闪烁),及转向灯点亮情况。	□远光灯灯光控制杆功能检查 □仪表盘远光灯指示灯状态检查 □远光灯功能检查 问题记录: □转向灯灯光控制杆功能检查 □仪表盘转向灯指示灯状态检查 □转向灯功能检查

续上表

步骤	操作方法及说明	注意事项及记录
照明系统功能检查	注：在转向状态下，若其中一个转向灯损坏，同侧其他转向灯约以正常模式下双倍频率闪烁。 ④开启危险报警闪光灯，前后左右转向灯规律闪烁。 （5）后雾灯功能检查。 ①灯光选择按钮选择后雾灯挡位，后雾灯开启。 ②查看仪表盘后雾灯指示灯，及后雾灯照明情况。 （6）夜间模式功能检查。 ①灯光选择按钮选择夜间模式切换挡位，选择后挡位自动复位至"AUTO"挡。 ②切换为夜间模式时，仪表板及中控屏亮度降低，仪表板背景切换为夜间模式，日间行车灯（近光灯）自动点亮。 ③取消夜间模式时，仪表板及中控屏亮度升高，日间行车灯熄灭。	□危险报警闪光灯功能检查 　问题记录： □后雾灯灯光控制杆功能检查 □仪表盘后雾灯指示灯状态检查 □后雾灯功能检查 　问题记录： □夜间模式控制杆功能检查 □仪表盘、中控屏显示状态检查 □日间行车灯光功能切换检查 　问题记录：

续上表

步骤	操作方法及说明	注意事项及记录
照明系统功能检查	(7) 内顶灯/车内门控灯功能检查。 ①开启内顶灯开关,检查内顶灯照明情况。 ②开启车内门控灯按钮,开启车门,内顶灯自动点亮,车门关闭后,内顶灯延时数秒后熄灭。 (8) 制动灯、高位制动灯功能检查。 踩下制动踏板,检查车尾制动灯、高位制动灯点亮情况。 (9) 牌照灯功能检查。 车辆上电状态下,牌照灯自动开启,检查牌照灯照明情况。 (10) 杂物箱灯、行李舱灯功能检查。 打开杂物箱、行李舱,杂物箱灯、行李舱灯自动开启,检车灯光照明情况。 (11) 充电口照明灯功能检查。 打开充电口盖,充电口照明灯点亮,检查充电口照明灯照明情况。 (12) 迎宾灯功能检查。 携带车辆有效钥匙进入车辆有效区域,迎宾灯自动点亮。钥匙离开车辆有效区域,或迎宾灯点亮一段时间后,灯光自动熄灭。检查迎宾灯功能及照明情况。	□内顶灯控制开关功能检查 □内顶灯灯光检查 □车内门控灯功能检查 问题记录: □制动灯/高位制动灯功能检查 □制动灯/高位制动灯灯光检查 问题记录: □牌照灯功能检查 问题记录: □杂物箱灯功能检查 □行李舱灯功能检查 问题记录: □充电口照明灯功能检查 问题记录: □迎宾灯迎宾功能检查 □迎宾灯照明检查 问题记录: □大灯高度调节功能检查 问题记录:

续上表

步骤	操作方法及说明	注意事项及记录
照明系统功能检查	(13)前照灯高度调节功能检查。 调节前照灯高度调节旋钮选择调节挡位(0~3挡),0挡时灯光高度最高,照明距离最远,3挡时灯光高度最低,照明距离最近	
工位整理、工单填写	(1)按要求整理工位。 (2)整理、总结工单内容	

四 评价反馈

评价表见表3-22。

评价表　　　　　　　　　　　　　　　　表3-22

评分项目	评分标准	分值(分)	得分(分)
学习目标	能明确本任务的知识、技能、素养目标,理解任务在工作中的重要程度	5	
工作任务分析	能清晰描述完成本次工作任务内容	2	
	能清晰描述完成本次工作任务需必备的技能与知识点	2	
有效信息获取	能正确记录车辆信息	5	
	能正确确认车辆PDI点检信息	5	
实施方案制订	能清晰地制订并填写本次照明及仪表系统检查的准备作业计划	5	
	能组织或协同工作小组成员,明确本次任务所需仪器设备、工具、材料的准备与清点,并准备记录	5	
	能组织或协同工作小组成员交流,优化检查方案并记录	5	
任务实施	车内三件套铺设:能正确完成车辆作业准备,铺设车内三件套	5	
	仪表功能检查:检查仪表功能、信息显示是否正常	10	
	照明系统功能检查:能依据点检表依次检查近光灯、远光灯、日间行车灯、转向灯、倒车灯、制动灯(含高位制动灯)、后雾灯、危险报警闪光灯、前后位置灯、内顶灯、杂物箱灯、行李舱灯、前照灯高度调节等功能是否正常,并记录	30	
	能按规定完成工位整理及工单填写	5	

续上表

评分项目	评分标准	分值(分)	得分(分)
任务评价	能通过本次任务实施,结合自己在实训过程中的表现,进行自我评价及自我反思并记录	3	
职业素养	按规定时间完成项目作业	2	
	遵守实训室管理规定、劳动纪律	2	
	积极参与课堂活动、回答问题	2	
	能够按时出勤	2	
思政要求		5	
总计		100	

改进建议:

教师签字:
日期:

学习活动5 辅助电器系统功能检查

一  明确任务

根据任务描述,需要对辅助电器部件进行检查与更换,使其恢复正常使用性能。

二 工作准备与计划制订

(一)知识准备

在新能源汽车中,汽车辅助电器系统的辅助装置由为提高车辆安全性、舒适性、经济性等各种功能的电器装置组成。辅助装置因车型不同而有所差异,一般包括空调系统装置、电动刮水器及喷水装置、电动座椅及后视镜装置、中控锁及四门车窗装置、中控屏及音响装置等装置。

1. 辅助电器系统的结构组成与功用

(1)结构组成。

汽车辅助电器系统包括电动刮水器、低温起动预热装置、空调器、收录机、点烟器、

防盗装置、玻璃升降器、座椅调节器等。辅助电器有日益增多的趋势,并主要向舒适、娱乐、保障安全方面发展。

(2)功用。

汽车辅助电器系统是_____。汽车辅助电器系统是现代汽车发展水平的一个重要标志,其科技含量已成为衡量现代汽车档次的重要指标之一。随着科技的发展,以及集成电路和微型电子计算机在汽车上的广泛应用,汽车电器的数量在增加、功率在增大,产品的质量、性能在提高,结构更趋于完善。了解和掌握电气系统的构造、配件识别及原理,对其正确收发与保管是十分必要的。

2. 辅助电器系统的构成要素

(1)空调系统。

汽车空调系统(图3-84)是_____。它可以为乘车人员提供舒适的乘车环境,降低驾驶人的疲劳强度,提高行车安全。

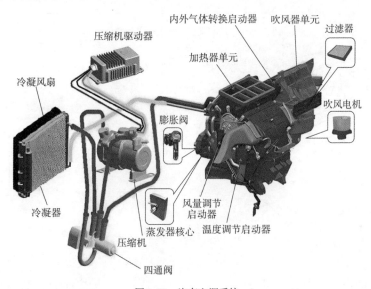

图3-84 汽车空调系统

(2)电动刮水器及喷水器。

电动刮水器及喷水器是通过连杆机构将电机的旋转运动转变为刮臂的往复运动,从而实现刮水动作(图3-85),接通电机,即可使刮水器正常工作,通过选择高速低速挡,可以改变通过电机的电流大小,从而控制电机转速,进而控制刮臂速度。

(3)电动后视镜及座椅。

电动后视镜的工作原理是,电动后视镜内有两个微型电机,电机通过安装在仪表盘上的控制按钮,可以带动后视镜上下左右摆动。电动后视镜的外观和内部结构主要以枢轴为中心,由两个独立的微电机、永磁体、霍尔ic等组成,可以灵活改变后视镜的上下和左右位置(图3-86)。

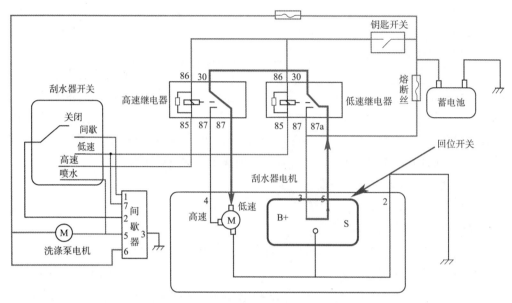

图3-85 电动刮水器及喷水器工作原理图

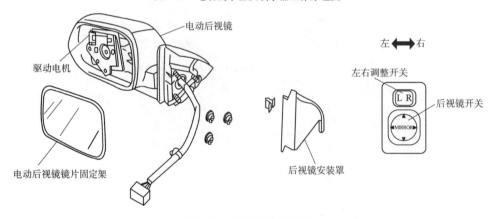

图3-86 电动后视镜的组成

电动座椅根据调节方式可分为_____,按动力源的不同可分为_____;按照座椅电机的数目和调节方向可分为_____ _____等,双向电动机产生动力,传动装置可以将动力传至座椅,通过控制开关实现座椅不同位置的调节(图3-87)。

(4)中控锁及四门车窗。

中控锁是中控锁系统的简称。中控锁系统由_____(图3-88),包括门锁开关、门锁锁芯开关、门锁电机、指示灯、发动机舱盖报警开关、防盗天线、控制模块/接收器、遥控器、超声波传感器和声光报警装置。门锁开关通常安装在车门装饰板上。执行机构分为继电器型(大多数型号使用)和双向气动泵型。

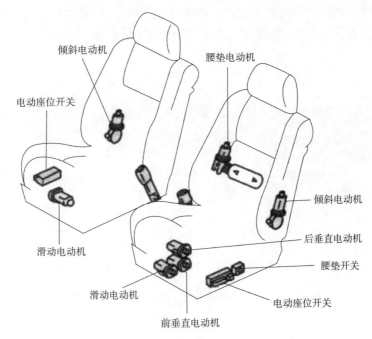

图 3-87　电动座椅的组成

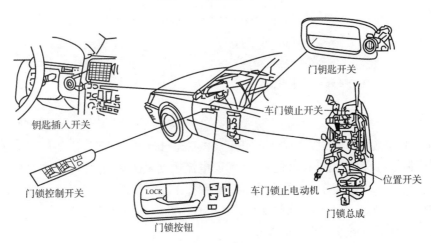

图 3-88　中控锁系统的组成

现代汽车对车窗的舒适性和便捷性要求越来越高,电动车窗已经越来越多地成为汽车的通用配置(图 3-89)。所谓电动车窗,就是通过车载电源来驱动玻璃升降器电动机,使升降器上下运动,带动车窗玻璃上下运动的装置,以达到车窗自动开闭的目的。电动车窗可使驾驶人或者乘员坐在座位上,利用开关使车门玻璃自动升降。因其操作简便并有利于行车安全,已经成为各个主机厂车窗设计时的首选。

(5)中控屏及音响。

中控屏由硬件和软件两部分组成。硬件部分包括显示屏、触摸屏、主板、处理器、存储器、音频芯片等,软件部分则是运行在中控屏上的操作系统和应用程序。当车辆起动时,中控屏会自动开机,并加载操作系统和应用程序。此时,用户可以通过触摸屏或物理按键来操作中控屏,例如调节音量、切换音乐、导航等。

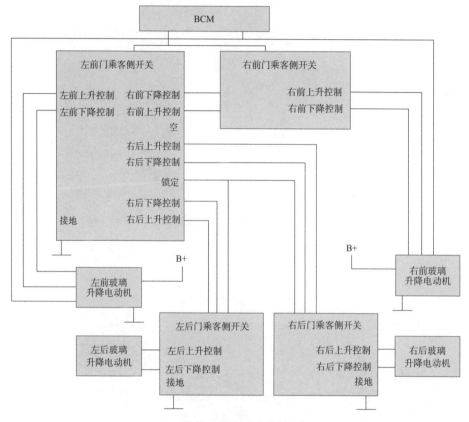

图 3-89　电动车窗控制

如图 3-90 所示,当驾驶人按下按钮时,电流经触点通过线圈,线圈产生磁力吸下动铁芯强制膜片移动,衔铁移动使触点断开,电流中断磁力消失,膜片在本身的弹性和弹簧片作用下又同动铁芯一起恢复原位,触点闭合电路接通,电流再通过触点流经线圈产生磁力,重复上述动作。如此反复循坏膜片不断振动,从而出音响。

3. 辅助电器系统常见异响形式及原因

辅助电器系统常见异响包括_____

_____。

(1)空调系统装置异常。

现象:空调系统装置异常主要表现为噪声过大、制冷制热不足、压缩机不运转、冷凝器散热不佳、冷媒管路堵塞、出风量小等。

导致这种现象的原因主要有:

①电动汽车电池箱或插件进水,电芯漏液,环境湿度大,绝缘误报,整车其他高压部件(控制器、压缩机等)绝缘不过。

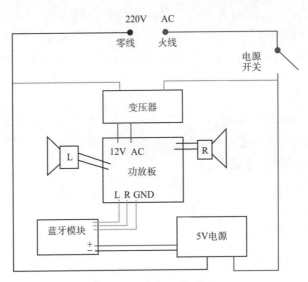

图3-90 中控屏工作原理图

②电动机和后桥连接同心度达不到标准。

③没有电源供给。

④充电机熔断丝烧坏。

(2)电动刮水器及喷水器装置异常。

现象:打开电动刮水器和喷水器,无法正常工作,或摆动刮水器臂及喷水不灵敏。

导致这种现象的原因主要有:

①储液箱至水泵间管路堵塞、喷嘴堵塞。

②动机转子轴与水泵叶轮间打滑。

③电刷弹簧压力过低。

④换向器污垢严重、电枢线圈局部短路、水泵压盖过紧。

(3)电动座椅及后视镜装置异常。

现象:调动电动座椅或者后视镜时,被控设备不移动、不灵敏,或者是发出"吱吱"声。

导致这种现象的原因主要有:

①熔断器熔断。

②线路断路。

③开关故障。

④方向电机损坏。

(4)中控锁及四门车窗异常。

现象:①电池没电或者电池接触不良;遥控钥匙中时间控制模块失灵;车上遥控发射器的天线老化等;风窗玻璃贴了防爆太阳膜,防爆太阳膜在一定程度上屏蔽了遥控信号。②四个车门的门锁装置在开启后自动锁止或在锁止后自动开启。

导致这种现象的原因主要有：

①门锁开关损坏或电子控制开关盒中的某组开关电路有故障。

②线路有故障。

③电源熔断器故障。

(5)中控屏及音响装置异常。

现象：汽车中控屏幕出现黑屏的现象或者无法触屏控制，音响无声音传出。

导致这种现象的原因主要有：

①线路接触不良。

②线路老化。

③供电模块出现故障。

(二)制订工作方案

1. 任务分工(表3-23)

学生任务分配表　　　　　表3-23

班级		组号		指导老师	
组长		任务分工			
组员1		任务分工			
组员2		任务分工			
组员3		任务分工			
组员4		任务分工			
组员5		任务分工			
组员6		任务分工			

2. 工量具、仪器设备与耗材准备

(1)使用的工量具有：_____。

(2)使用的仪器设备有：_____。

(3)使用的耗材有：_____。

3. 具体方案描述

_____

_____

_____

_____

三、计划实施

(一)安全注意事项及技能要点

1. 安全注意事项

(1)作业之前,铺好室内三件套,并戴好工作手套。

(2)使用举升机前,检查并排除设备周围及车辆上的人和障碍物,确认安全锁止装置工作可靠。

(3)正确、规范使用辅助电器装置的检修工具。

(4)为避免人身伤害和/或部件损坏,拆下通电设备时,一定要避免漏电或产生虚电,否则设备可能被烧坏。

(5)接触线束时,要注意一定要接好,避免虚接。

2. 技能要点

(1)在安装保险片时必须使正对着保险孔往下插。认真核对保险所对应位置,不可拔错插错。

(2)拆装过程中,注意保护线束。

(3)如遇到卡扣物件,严禁暴力拆卸。

(二)辅助电器装置的检修

辅助电器装置总成的检修见表3-24。

万向传动装置总成的检修操作方法及说明　　　　表3-24

步骤	操作方法及说明	质量标准及记录
辅助电器总成的检修	(1)将车辆通电; (2)观察线束位置; (3)打开电器开关,用万用表检测是否通路; (4)通过检测结果分析故障原因并记录	□规范操作使用举升机 □是　□否 □是　□否 □是　□否

四、评价反馈

评价表见表3-25。

评价表　　　　表3-25

评分项目	评分标准	分值(分)	得分(分)
学习目标	能明确本任务的知识、技能、素养目标,理解任务在工作中的重要程度	5	

续上表

评分项目	评分标准	分值(分)	得分(分)
工作任务分析	能清晰描述完成本次工作任务内容	2	
	能清晰描述完成本次工作任务需必备的技能与知识点	2	
有效信息获取	能描述辅助电器系统的组成	5	
	能描述辅助电器系统常见的异响常现象及原因	5	
	能查阅维修手册,并根据手册清楚获取辅助电器系统的类型及安装方式	6	
	能根据故障现象及原因进行相应零部件的检修	5	
实施方案制订	能清晰地制订并填写本次辅助电器系统故障诊断与排除的准备作业计划	5	
	能组织或协同工作小组成员,明确本次任务所需仪器设备、工具、材料的准备与清点,并准备记录	5	
	能组织或协同工作小组成员交流,优化检查方案并记录	5	
任务实施	能根据路试法正确描述故障现象	5	
	通过故障现象确定故障位置,分析故障原因	5	
	通过查阅维修手册,结合分析结果,制定完善的检修方案	7	
	能进行辅助电器系统组成原件的拆装	5	
	能进行辅助电器系统原件的分解	5	
	能更换线束、正确拆线、正确装线	5	
	能利用检测工具找出故障原因,并作出正确的维修决策	7	
任务评价	能通过本次任务实施,结合自己在实训过程中的表现,进行自我评价及自我反思并记录	3	
职业素养	按规定时间完成项目作业	2	
	遵守实训室管理规定、劳动纪律	2	
	积极参与课堂活动、回答问题	2	
	能够按时出勤	2	
思政要求	能独立实施8S、融入团队协作、提升职业素养	5	
总计		100	

改进建议:

教师签字:
日期:

习题

一、单选题

1. 以丰田卡罗拉汽车为例,新车 PDI 检查不包括的内容为（　　）。
   A. 发动机机舱检查　　　　　　B. 轮胎检查
   C. 空气滤清器检查

2. 新车 PDI 路试检查包括的内容有（　　）。
   A. 仪表　　　B. 噪声和振动　　　C. 自动门锁　　　D. 以上三项都是

3. 车身结构从形式来说有（　　）。
   A. 非承载式和承载式　　　　　B. 两厢车和三厢车
   C. 轿车和越野车

4. 现代汽车有很多智能辅助功能,CCS 是指（　　）。
   A. 自动泊车　　B. 定速巡航　　C. 一键起动　　D. 车道辅助

5. 拆卸动力蓄电池组前,应该做的事项为（　　）。
   A. 断开充电机　　　　　　　　B. 关闭点火开关
   C. 断开蓄电池组连接线束　　　D. 断开蓄电池负极

6. 吉利 EV450 蓄电池组固定螺栓的拧紧力矩为（　　）。
   A. 78N·m　　B. 80N·m　　C. 90N·m　　D. 100N·m

7. 吉利 EV450 高压线束的颜色为（　　）。
   A. 黑色　　　B. 白色　　　C. 橙色　　　D. 红色

8. 功率低、发光强度最高、寿命长且无灯丝的汽车前照灯是（　　）。
   A. 氙气灯　　B. 卤素灯　　C. 白炽灯　　D. LED 灯

9. 灯光控制杆不能调节的灯光功能是（　　）。
   A. 近光灯　　B. 远光灯　　C. 转向灯　　D. 危险警报灯

10. 在电动座椅中,一般一个电动机可完成座椅的（　　）。
    A. 1 个方向的调整　　　　　　B. 2 个方向的调整
    C. 3 个方向的调整

二、判断题

1. 新车 PDI 检查是一项在新车交付过程中必不可少的程序。　　　　（　　）
2. 新车 PDI 检查在新车交付前或者交付后由新车主去检查都可以。（　　）
3. 优质的新车 PDI 检查能很好地提升消费者对车辆和品牌的满意度。（　　）
4. 新车 PDI 外观检查只需要对车身漆面进行检查。　　　　　　　　（　　）
5. P 挡是停车挡、驻车挡,是车辆长时间停放时所挂的挡位。　　　（　　）
6. 车身的作用主要是保护驾驶人以及构成良好的空气力学环境。好的车身能带来更佳的使用性能。　　　　　　　　　　　　　　　　　　　　　　（　　）
7. 直流快速充电系统采用各 220V 三相交流电,经直流快充桩内部的 AC/DC 转换

后输出直流电。　　　　　　　　　　　　　　　　　　　　　　（　　）
 8. 检修交流充电系统中的车载充电机可以随时进行，不需要断电。（　　）
 9. 直流快充接口包含 DC 插头、CC1/2 等 5 对插头。　　　　　　（　　）
 10. 汽车信号系统的主要信号设备有尾灯、转向信号灯、后灯、制动灯和倒车灯。

 　　　　　　　　　　　　　　　　　　　　　　　　　　　（　　）

 11. 万用表只要能使用，就不需要用蜂鸣挡自检就可以使用。　　（　　）
 12. 只要辅助电器设备能工作，不用管它工作状态是否正常。　　（　　）

三、实操练习题

1. 请介绍新车 PDI 检查的工作流程是什么？

2. 请说出新车交付 PDI 检查的工作内容。

3. 请介绍新车 PDI 检查的外观检查工作内容有哪些？

4. 请说出新车交付 PDI 内饰检查的工作内容有哪些？

5. 低压蓄电池静态电压检测操作有哪些？

6. 随车充电枪对车辆进行充电的操作有哪些？

学习任务四

新能源汽车常规维护

学习目标

1. 知识目标

(1) 能明确车辆外观清洁的作用。

(2) 能明确车辆内饰清洁的作用。

(3) 能分辨各种清洁剂、除油剂的类型。

(4) 能明确汽车内饰的组成、材质。

2. 技能目标

(1) 能正确选用汽车清洁的护理用品与工具。

(2) 能够独立按照工艺流程完成汽车外部的清洗操作。

(3) 能根据标准操作规范完成汽车室内清洁护理。

3. 素养目标

(1) 培养精益求精的工匠精神。

(2) 培养学生对车辆外观、内饰的审美意识。

(3) 培养学生的工作时的团队合作意识。

参考学时

10学时。

任务描述

一辆某国产品牌新能源汽车到达厂家规定的维护周期,客户接到汽车售后服务企业的车辆检查与维护通知,需要完成新能源汽车外观、前机舱、底盘、电器等系统的检查与常规维护。

学习活动 1　车辆的清洁

一、明确任务

一位车主的几何 C 电动汽车经历一段越野行驶后,外表脏污不堪,且爱车内有异味,真皮座椅皮质发硬、龟裂,需要进行车辆清洁维护。请根据车辆维修手册,制定维护方案,完成车辆外部清洁作业,并填写维护工作记录表。

二、工作准备与计划制订

(一)知识准备

1. 车辆清洁的作用

(1)保持汽车外观整洁。

汽车在行驶时,经常置身于飞扬的尘土中,经受风吹日晒,赶上雨雪天气还会在泥泞的道路上行驶,车身外表难免被泥土沾污,影响汽车外观。如图 4-1 所示,清洁主使汽车清洁亮丽、光彩如新,提升车辆的美观度、价值感。

a)洗车前　　　　　　　　　　b)洗车后

图 4-1　车辆清洁前后效果对比

(2)延长车辆漆面的寿命。

洗车是漆面维护的基本作业。如图 4-2 所示,车身表面可能会黏附树油、鸟粪、虫尸、焦油等顽渍,或被酸雨淋湿,如不及时清除就会_____,给护理增加难度。因此,车主要经常检查车身表面,一旦发现具有腐蚀性的顽渍应尽快清除,如已腐蚀漆层则必须到专业汽车美容店进行处理。

图 4-2　车漆被污物腐蚀

2. 车辆清洁的工具

(1) 清洁工具与设备。

如图 4-3 所示，喷壶用来喷涂　　　　　　　　等，可以提高工作效率，使施工更加方便。喷涂溶剂的喷壶应该选用　　　　　　，如果使用普通喷壶，会出现溶剂泡涨之后喷头堵塞的现象，影响使用。

如图 4-4 所示，风枪是利用压缩空气来吹干净工件上的水及浮尘的工具。通过风枪上的扳机可以控制出风量。

如图 4-5 所示，泡沫清洗机的主要作用是利用压缩空气在设备内部产生一定压力，通过设备配置系统，将设备内调配好的清洗液以泡沫状喷射到需要清洗的汽车或工件上，以达到减少操作人员劳动量、提高工作效率的目的。

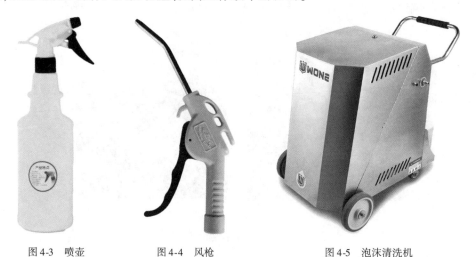

图 4-3　喷壶　　　　图 4-4　风枪　　　　图 4-5　泡沫清洗机

如图 4-6 所示，板刷主要用于轮胎、挡泥板等处附着的泥土、污垢的清除。由于这些部位泥土较厚，不易洗干净，所以要在洗车时有针对性地进行刷洗。板刷选用　　　　　　最佳，鬃毛板刷不但具有较好的韧性和耐磨性，还可以减少刷洗作业对橡胶、塑料产生的磨损。另外，不提倡使用塑料纤维板刷。

如图 4-7 所示，移动式蒸汽清洗机，又名饱和蒸汽清洗机，是利用和_____,清洗零件表面的油渍污物,并将其汽化蒸发的一种清洗设备。蒸汽清洁机可以清洗任何细小的间隙和孔洞,剥离并去除油渍和残留物,达到高效、节水、洁净、干燥、低成本的要求,代替昂贵的干冰清洗。

图4-6 板刷

图4-7 移动式蒸汽清洗机

如图4-8所示,热风枪主要是利用发热电阻丝的枪芯吹出的热风来对元件进行焊接与摘取元件的工具。热风枪主要由气泵、线性电路板、气流稳定器、外壳、手柄组件等组成。热风枪手柄有的采用了特种耐高温高级工程塑料,耐温等级高达300℃;鼓风机部分有的采用了寿命30000h以上的强力无噪声鼓风机,满足大功率螺旋风输出要求;热风筒有的采用螺旋式的拆卸结构;发热丝有的采用特制可拆卸的更换式发热芯。

(2)清洗剂与其他耗材。

如图4-9所示,清洗剂可以实现快速高效清洗,其去污能力强并可将清洗与护理合二为一,减少清洁工序,提高工作效率。如表4-1所示,由于汽车污垢的_____,为了能有_____地清除污垢,目前市场上的汽车清洗剂的品种也非常繁多,使用时应根据其特性及功能等因素合理选择。

图4-8 热风枪

图4-9 清洗剂

清洗剂的种类与作用　　　　　　表 4-1

清洗剂种类	特点与适用范围
水性清洗剂	主要清除水性污垢,具有较强的浸润和溶解能力,不含有碱性物质,对汽车漆面的光泽有较好的保护作用
溶解清洗剂	是一种溶解功能很强的清洗剂,能清除车身上的焦油、沥青、鸟粪、树胶等水不溶性污垢
脱蜡清洗剂	当新车需要开蜡或旧车需要重新上蜡时,应使用脱蜡清洗剂对汽车进行清洗。此类清洗剂含柔和性溶剂,具有较强的溶解能力,不仅可以去除车身上的油垢,而且还能把以前的蜡洗掉
自动洗车机用香波	呈中性,是一种超浓缩高泡沫型清洗剂,具有强力清洗功能,丰富的泡沫起到较好的润滑作用,可以有效地延长设备的使用寿命

如图 4-10 所示,除油剂主要是涂装工作前,用来清除待涂装工件表面的油脂、蜡脂及硅酮等污染物的。除油剂种类很多,一般根据其用途可以分为通用型除油剂和塑料件专用除油剂。

如图 4-11 所示,皮革保护剂主要用于皮革制品的清洁与护理。皮革保护剂在清除污垢的同时能在皮革制品表面形成一层保护膜,起到抗老化、防水、防静电的作用,延长皮革制品的使用寿命。皮革保护剂把皮革清洁干净后喷涂,20~50min 即能达到效果,用量为 25mL/m。处理过的物品不能用清洁剂洗涤,有污迹只需用湿布轻抹即可去除,建议吹风烘干。

如图 4-12 所示,空气清新剂又称"环境香水",使用空气清新剂是目前净化车内空气环境、提高空气质量最常见的方法。它的工作原理就是在发出恶臭的物质中加入少量药剂,通过化学反应达到除臭目的或使用强烈的芳香物质隐蔽臭气,因此很多空气清新剂事实上并没有将车内的异味清除,仅仅是用一种人们喜欢的香型掩盖异味而已。

图 4-10　除油剂

图 4-11　皮革保护剂

图 4-12　空气清新剂

如图4-13所示,麂皮具有质地柔软、韧性及耐磨性好和防静电等特点,用麂皮擦拭的车身、车窗玻璃干燥迅速,不会留有水痕,也不会像毛巾那样_____,因此麂皮在洗车作业中使用广泛。麂皮主要用于擦干车身表面。

如图4-14所示,海绵具有柔软、弹性好、吸水性强和藏土能力较好等特点,所以在清洁工件或洗车工作中使用较多。

图4-13　麂皮　　　　　　　　图4-14　海绵

思考:在你工作的场所中,以上工具及耗材是否齐备,如果没有,可以选择什么样的物品代替其功能呢?

3. 洗车的时机

一般来说,汽车清洗没有一个固定的周期和时机,主要根据汽车所在地区的_____确定。

(1)按照天气选择。

在连续晴天时,车身表面的污渍以浮尘为主,全车清洗工作的周期大约为一周。清洗时,可以用鸡毛掸子清除车身上的灰尘,再用湿毛巾或湿布擦拭前、后风窗玻璃及车窗。

车身表面污渍以泥土为主,只要用清水喷洒全车,使车上的泥土掉落即可。下雨后,要用湿布或湿毛巾擦拭全车所有的玻璃,以保证良好的驾车视线。当天晴之后,一定要及时到汽车专业美容店将全车进行彻底的清洗保养,避免酸雨导致的腐蚀。

大雪过后,应尽快清洗车辆,因道路中残雪以及雪中夹杂融雪的碱性成分大,溅到车身或底盘上,时间久会腐蚀车身或底盘。

(2)按照行驶区域选择。

行驶在海岸时,因为海水盐分重,而且湿气重,所以需要用清水对车辆进行彻底清洗,以免车身受盐分侵蚀。

行驶在工地或行经工地时,工地上会起水泥,一些土路便成了泥泞道路,车身也容易被沥青等污渍附着,在这样的道路上行驶,最好每天都进行清洗车辆,以免顽渍附着久了腐蚀车漆。

4. 外部清洗的工艺流程

根据洗车目的差异,洗车流程可能会略有出入,但人工清洗大致有如下六大基本步骤,如图4-15所示。

图 4-15　人工清洗汽车工艺流程

5. 汽车内饰材料与清洗方法

（1）塑料制品。

首先将清洗剂喷洒于塑料部件，如前仪表板、遮阳板支架、座椅护围等，然后用毛刷稍蘸清水刷洗表面，直至细纹中的污垢完全被清除，再用＿＿＿＿＿＿擦净刷掉污垢。

（2）皮革制品。

皮革座椅的清洁护理要用＿＿＿＿＿＿。在高档轿车上，有很多器件是用皮革包装或制造的，如转向盘及座椅等。清洁这些皮革制品时，可先用一块湿布擦去皮革上的污物，如果污物较重，可用一块蘸有稀释清洁剂的海绵擦拭。注意＿＿＿＿＿＿是不能随便喷上去的，应选用＿＿＿＿＿＿。

（3）橡胶制品。

首先将清洗剂喷洒于半湿性的毛巾，然后直接擦拭橡胶部件。切勿使用毛刷，以免使橡胶件失去亮度。再用干净的半湿性毛巾擦净表面的清洗剂。

（4）织物件。

顶篷、后平台、门内饰板、地板、行李舱、织物座椅、绒毛座椅的清洁护理，采用多功能清洗剂。

6. 常见内饰问题护理技巧

（1）霉。

内饰件受污染未及时清洁会导致霉变，对此进行清除时可用＿＿＿＿＿＿清洗霉点，用冷水漂洗干净后浸泡在盐水中，最后用专用清洗剂清洗擦干。

（2）口香糖。

口香糖清除口香糖时，可用＿＿＿＿＿＿使其硬化，然后用钝刀片将其刮掉，最后用清洗剂清洁擦干即可。

（3）焦油。

可先用冷水彻底刷洗，如果难以清除干净，可用焦油去除专用清洗剂浸润一段时间，然后擦拭干净即可。

（4）润滑脂、润滑油等。

用专用的油污去除剂，从污迹周边向中心清洗，当污迹已经洗掉时，用毛巾擦干。

拓展：座椅、门边内衬等常由人造革制成，在使用过程中，难免会有意外损伤，甚至出现裂口。对于这类破损，可先用电吹风机将裂口两边吹热，再将一块纤维布衬在裂口下面，仔细将裂口两边对齐后压平，最后将人造革修复液涂在修理部位上，待全干后即可。

(二)制订工作方案

1. 任务分组(表4-2)

学生任务分配表　　　　　　　　　　　　　　　表4-2

班级		组号		指导老师	
组长		学号			
组员1		学号			
组员2		学号			
组员3		学号			
组员4		学号			
组员5		学号			
组员6		学号			
任务分工					

2. 工量具、仪器设备与耗材准备

(1)使用的工量具有:_____。

(2)使用的仪器设备有:_____。

(3)使用的耗材有:_____(如不需要耗材,可省)

3. 具体方案描述

_____

_____

_____

_____

三、计划实施

(一)安全注意事项及技能要点

1. 安全注意事项

(1)不能佩戴首饰、钥匙,不能披长发。

(2)正确检查及佩戴劳保用品。

(3)正确使用泡沫清洗机。

(4)正确使用空气压缩机,喷洗时压力不能太高。

(5)正确使用蒸汽清洗机与热风枪,避免烫伤。

2. 技能要点

（1）清洗前应当将全部车门、车窗、发动机舱盖、行李舱盖、通风孔、空气入口严密关闭，以防清洗时进水，造成短路和锈蚀等。在清洗车辆时，最好将汽车停在玻璃钢格栅中，以便清洗后清洗剂和水能自己流尽，防止积水污染或腐蚀。

（2）车辆清洗时要选用专用的洗车液，严禁使用肥皂、洗衣粉和洗洁精含碱性成分的普通洗涤用品洗车，否则会导致漆面失光、密封橡胶件老化，加速局部漆面脱落和金属腐蚀。

（3）要等车辆冷却下来，用手摸发动机舱盖不热时再清洗。车表很热时，水分蒸发得快，容易留下水痕，影响漆层和外观。

（4）洗车后车辆应停放背阴处，避免阳光直射和风沙污染，以免车表水滴干燥后留下斑点，影响清洗效果。

（5）洗车各工序都应遵循由上至下的原则。

（6）手工清洗时，要用软管，而且水的压力要适宜；如果水的压力过高，则会造成车外表污物硬粒移动划伤漆面。车辆清洗吹干工序不能少。车身缝隙水滴若不及时吹干，时间久了会形成水垢难去除。

（7）车身钢圈粘有沥青、柏油和油渍污物时，要及时用专用清洗剂进行清洗去除。

（8）洗车时最好使用软水，尽量避免使用含矿物质较多的硬水，以免车身干燥后留下迹。

（9）对塑料部件清洗时，应该由轻到重，以免出现失光白化现象。

（10）对皮革部件清洗时，擦拭时间不可将皮革弄得太湿，以免使水顺着缝合处渗入机件。

（11）对橡胶部件清洗时，切勿使用毛刷，以免使橡胶件失去亮度，再用干净的半湿性毛巾擦净表面的清洗剂。

小贴士

对室内玻璃清洗时，注意擦拭时用力不要过猛，以防损伤藏在玻璃内的电热丝。注意后风窗玻璃的除雾热线，一定要沿着线的方向左右擦拭，不可垂直擦拭。

（二）车辆外部清洁维护

1. 工作准备

车辆清洁工作准备见表4-3。

车辆清洁工作准备　　　　表4-3

步骤	操作方法及说明	质量标准及记录
1. 车辆准备	（1）将实训车辆平稳停放在实训区域。 （2）检查通风机防火系统设备	车辆识别代码：_____ _____

续上表

步骤	操作方法及说明	质量标准及记录
2. 车辆外部检查	检查实训车身，记录车身表面损伤，检查车门、车窗等是否关闭	车门、车窗是否关闭： □是　□否 车身损伤情况：＿＿＿＿＿ ＿＿＿＿＿＿＿＿＿＿
3. 车辆内部件检查	(1) 将车内杂物，如停车证、磁带、坐垫、脚垫等取出。 (2) 检查车内座椅、内饰有无损伤	车主物品是否取出： □是　□否 内饰损伤情况：＿＿＿＿＿ ＿＿＿＿＿＿＿＿＿＿
4. 工具与耗材	准备好清洗设备与清洗材料	

2. 车辆外部清洁流程

车辆外部清洁流程见表4-4。

车辆外部清洁流程　　　　　　　　　　　　　　　表4-4

步骤	操作方法及说明	质量标准及记录
1. 泡沫机液体兑制与设备调配	(1) 拧开加注口阀门，注意泡沫机内有残留气压时应缓慢打开，防止泄压而产生的气流噪声过大。 (2) 向泡沫机加注口加注目标水位的自来水。提示：目标水位可以根据需要的量选定。 (3) 向泡沫机加注口加注一定比例的汽车泡沫洗车液。 (4) 向泡沫机加注口加注目标液位的自来水，使洗车液夹在上、下层水之间，这样使喷出来的泡沫从开始到结束都丰富稳定。 (5) 打开阀门，用气压调节旋钮调节泡沫机中的气压	清洗剂与水稀释比例为： ＿＿＿＿＿＿＿＿＿＿ 目标液位剩余：＿＿＿＿ ＿＿＿＿＿＿＿＿自来水 泡沫剂气压大小为： ＿＿＿＿＿＿＿＿＿＿
2. 外部清洁	(1) 车身冲洗，用高压水枪冲去车身污物。整个过程中始终由一个方向向另一边的斜下方冲洗，尽量避免来回冲洗，以免将泥沙冲回已经冲洗干净的部位。 (2) 用泡沫清洗机将清洗泡沫均匀喷到车身外表。 (3) 让泡沫湿润车身几分钟，依靠泡沫的吸附作用，使清洗液充分地渗透于车身表面的污垢，最后用洗车海绵擦拭车身表面泡沫。	冲洗顺序： 先＿＿＿＿再＿＿＿＿ 擦洗顺序： 先＿＿＿＿再＿＿＿＿

续上表

步骤	操作方法及说明	质量标准及记录
2.外部清洁	（4）擦洗完毕之后，开始冲洗车身泡沫，顺序同冲车一样。 （5）各用一块半湿性大毛巾将整个车身从前至后干润湿，将车身先预擦一遍。当擦完一遍后，应取出两块毛巾，清除门边、发动机舱盖、行李舱边沿及燃油箱盖内侧的泥沙后，再用干毛巾擦干留下的水痕。 （6）有些车身缝隙用毛巾擦不净里面水渍，要用风枪来吹干。操作时可一手拿着风枪吹，一手拿着干净毛巾擦拭，直到吹干为止。 （7）用除油剂等清除车身表面顽固污渍，必要时用抛光机清除附着在车表的沥青、焦油等顽固污渍。但操作时注意抛光的转速和抛光盘的材质，避免抛光过度	冲洗泡沫应重点冲洗车身的： □顶部 □中部 □底部 吹干顺序：_____

3. 车辆内饰清洁维护

车辆内饰清洁维护流程见表4-5。

车辆内饰清洁维护流程 表4-5

步骤	操作方法及说明	质量标准及记录
1.除尘作业	（1）用吸尘器将车内尘土(仪表板、座椅缝隙、地毯)由上至下吸干净，然后用半湿性毛巾对车内擦拭一遍。	主驾驶位地面灰尘： □是 □否 副驾驶位地面灰尘： □是 □否 座椅间隙地面灰尘： □是 □否 仪表台灰尘： □是 □否 后排地面灰尘： □是 □否

续上表

步骤	操作方法及说明	质量标准及记录
2.蒸汽高温处理	软化表面(顶篷、门内饰板、仪表台、座椅、地板、行李舱),以便清洁。同时,达到消毒除异味等目的	蒸汽处理: 顶篷□ 门内饰板□ 仪表台□ 座椅□ 地板□
3.车室清洁	(1)在仪表台表面喷上少许泡沫清洗剂,然后用软布进行洗干净即可。 (2)在变速器操纵杆操作区及座椅表面喷上少许泡沫清洗剂稍停留片刻,然后用干净毛巾从四周向中间仔细擦拭,直到污迹除去为止。 (3)在行李舱内侧的饰板及密封胶条处喷上少许泡沫清洗剂,停留片刻后用干净毛巾将行李舱内侧的饰板及密封胶条擦拭干净,必要时使用热风枪吹干。	室内清洁: 仪表台□ 门内饰板□ 仪表台□ 行李舱□ 顶棚□ 上蜡情况: 仪表台□ 门内饰板□ 仪表台□ 行李舱□ 顶棚□

续上表

步骤	操作方法及说明	质量标准及记录
3.车室清洁	（4）车门饰板的清洁应该从上到下，注重每一个细节，包括门边、门边储物盒门边上的玻璃升降器开关、后视镜开关要用毛巾擦洗，必要时用压缩风枪吹干。 （5）对仪表台喷洒一层仪表板蜡，不仅能增加仪表台的亮度，还能避免仪表台的真皮老化	
4.竣工检查	邀请客户检查清洗效果，并签署确认单	

四 评价反馈

评价表见表4-6。

评价表　　　　　　　　　　　表4-6

评分项目	评分标准	分值(分)	得分(分)
工作任务分析	能清晰描述完成本次工作任务内容	5	
	能清晰描述完成本次工作任务需必备的技能与知识点	5	
实施方案制订	能清晰地制订并填写本次车辆清洁的准备作业计划	5	
	能组织或协同工作小组成员，明确本次任务所需仪器设备、工具、材料的准备与清点，并准备记录	5	
	能组织或协同工作小组成员交流，优化检查方案并记录	5	

续上表

评分项目	评分标准	分值(分)	得分(分)
任务实施	能正确完成车辆清洁前的准备工作	5	
	能正确选用适合车辆清洁的工具与耗材	10	
	能正确兑制泡沫清洗剂	5	
	能正确进行车辆外部的清洁	10	
	能正确进行车辆内饰件的清洁	10	
	能态度良好地邀请客户检查车辆	5	
任务评价	能通过本次任务实施,结合自己在实训过程中的表现,进行自我评价及自我反思并记录	5	
职业素养	按规定时间完成项目作业	5	
	遵守实训室管理规定、劳动纪律	5	
	积极参与课堂活动、回答问题	5	
	能够按时出勤	5	
思政要求	能独立实施8S、融入团队协作、提升职业素养	5	
总计		100	

改进建议:

教师签字:
日期:

学习活动2　新能源汽车前机舱检查维护

明确任务

为确保车辆安全、正常运行,延长车辆使用寿命,需定期对新能源汽车前机舱高压部件、高低压线束及连接器、冷却液水管等进行检查,并进行维护,保证车辆长期稳定运行。本任务目的是使学生掌握基本的检查维护流程及相关仪器设备的使用方法。

二、工作准备与计划制订

(一)知识准备

1. 前机舱基本组成

前机舱的组成包括:低压蓄电池、制动液油壶及制动主缸、防抱死制动系统(ABS)泵、热敏电阻(PTC)加热器、空调压缩机、三合一高压箱、电驱动冷却液水壶、暖风系统和动力蓄电池系统冷却液水壶。

2. 前机舱各部件的工作原理及作用

(1)低压蓄电池。铅酸蓄电池充电后,正极板二氧化铅(PbO_2)在硫酸溶液中水分子的作用下,少量二氧化铅与水生成可离解的不稳定物质——氢氧化铅[$Pb(OH)_4$],氢氧根(OH^-)离子在溶液中,铅离子(Pb^{4+})留在正极板上,故正极板上缺少电子。铅酸蓄电池充电后,负极板是铅(Pb),与电解液中的硫酸(H_2SO_4)发生反应,变成铅离子(Pb^{2+}),铅离子转移到电解液中,负极板上留下多余的两个电子($2e^-$)。可见,在未接通外电路时(电池开路),由于化学作用,正极板上缺少电子,负极板上多余电子,两极板间就产生了一定的电位差,这就是电池的_____。

低压蓄电池是汽车上非常重要的部件,电动汽车上的蓄电池一般采用的是铅酸蓄电池,它是一种可重复充电的低压直流电源,能够将化学能转化为电能,又能将电能转化为化学能。它的主要作用是给全车低压用电器及模块供电,通过低压电控制高压电,在电动汽车上电后由 DCDC 给蓄电池充电。蓄电池分为正极和负极,正极通过熔断丝盒到达各个模块及用电器,经过用电器后所有负极线束经过搭铁线回到蓄电池负极。蓄电池标准电压为 12V~14V,在上电后测量蓄电池电压应在 14~16V 间。

(2)制动液。制动液应该每年更换一次,以确保其性能和安全性。制动液的含水量应该保持在 3.5% 以下。应该定期检查制动液质量,以确保其性能和安全性。制动液应该定期更换,以确保其性能和安全性。

(3)制动主缸。制动主缸的主要作用是将驾驶人施加在制动踏板上的机械力和真空助力器的力转变成制动油压,并将具有一定压力的制动液经过制动管路送到各个车轮的_____,再由车轮制动器转变为车轮制动力。制动主缸分单腔式和双腔式两种,分别用于单回路和双回路系统,但是由于安全原因,目前主要是双腔式制动主缸。

(4)ABS 泵。ABS 的主要作用是改善整车的制动性能,提高行车安全性,防止在制动过程中车轮抱死(即停止滚动),从而保证驾驶人在制动时还能控制方向,并防止后轴侧滑。其工作原理为:紧急制动时,依靠装在各车轮上高灵敏度的车轮_____,一旦发现某个车轮抱死,计算机立即控制压力调节器使该轮的制动分泵泄压,使车轮恢复转动,达到防止车轮抱死的目的。ABS 的工作过程实际上是"抱死—松开—抱死—

松开"的循环工作过程,使车辆始终处于临界抱死的间隙滚动状态,有效克服紧急制动时由车轮抱死产生的车辆跑偏现象,防止车身失控等情况的发生。

(5)PTC加热器。PTC加热器为高压部件,是一种正温度系数热敏电阻加热器,主要的作用是为车辆内加温,也就是新能源汽车空调的热力来源。在低温状态下,PTC加热器可以让汽车中的汽油很快地加热,以预热发动机并供车内取暖。

(6)空调压缩机。空调压缩机是在空调制冷剂回路中起压缩驱动制冷剂的作用。空调压缩机一般装在室外机中。空调压缩机把制冷剂从低压区抽取来经压缩后送到高压区冷却凝结,通过散热片散发出热量到空气中,_____,压力升高。

(7)三合一高压箱。三合一高压箱由_____、_____、_____组成,主要功能包括DC-DC电流转换、实现交流充电以及将动力蓄电池传来的高压电分配到全车各个高压模块。其中,DC/DC直流转换装置是将动力蓄电池组的高压直流电转换成低压直流电,以便供给电机控制器、空调压缩机等器件使用;_____是将交流电转换成直流电,为车载设备提供电力;_____则是负责调配全车高压电的"变电所"和"调度站",可以提高生产效率,降低成本,同时也可以更好地保护蓄电池,延长蓄电池寿命。

(8)空调制冷剂。空调制冷剂又称制冷工质,是制冷循环的工作介质。其工作原理是利用制冷剂的相变来传递热量:在蒸发器中汽化时吸热,而在冷凝器中凝结时放热。具体来说,制冷剂在蒸发器内吸收被冷却物质的热量而蒸发,然后在冷凝器中将所吸收的热量传给周围的空气或水,从而被冷却为液体。这个过程往复循环,通过状态的变化来实现制冷的效果。目前能用作制冷剂的物质有80多种,但最常用的是氨、氟利昂类、水和少数碳氢化合物等。在空调制冷循环中,常见的制冷剂包括R22、R410A、R32和R290。特别是R22制冷剂,由于对臭氧层有破坏作用,目前大部分空调仍然使用它。但在变频空调中,已经开始采用R410a制冷剂。不过,由于制冷剂的物理特性,当环境温度低于5℃时,空调的换热能力会大幅下降。因此,寻找物理特性更优异的制冷剂是空调乃至整个制冷行业需要解决的问题。

(9)冷却系统。电驱动系统中_____会产生高温,热量通过机体传递,如果不加以降温,电驱动系统无法正常工作,所以电驱动系统内设置有冷却液水道,通过冷却液的循环与外界进行热交换。这样能将电驱动系统的工作温度保持在一定范围内,防止电驱动系统过热。高低压充电系统工作时将高压交流电转换为高压直流电,其转换过程中会产生大量的热量,因此高低压充电系统内部也有冷却液道,通过冷却液的循环降低高低压充电系统的工作温度。

电机控制器不但控制电驱动系统_____,还要将_____转换为低压直流电为低压蓄电池充电。此过程中会产生热量,需要通过冷却液循环散热。动力蓄电池充放电过程中会产生热量,温度过高会影响到蓄电池的充放电能力,此时需要冷却液循环散热来保证蓄电池的工作温度。

(二)制订工作方案

1. 任务分工(表 4-7)

学生任务分配表　　　　　　表 4-7

班级		组号		指导老师	
组长		学号			
组员 1		学号			
组员 2		学号			
组员 3		学号			
组员 4		学号			
组员 5		学号			
组员 6		学号			
任务分工					

2. 工量具、仪器设备与耗材准备

(1)使用的工量具有:_____。

(2)使用的仪器设备有:_____。

(3)使用的耗材有:_____。

3. 具体方案描述

_____

_____

_____

_____

三 计划实施

(一)安全注意事项及技能要点

1. 安全注意事项

(1)不能佩戴首饰、钥匙,不能披长发。

(2)正确检查及佩戴安全防护用具。

(3)正确使用绝缘测试仪。

(4)正确使用举升机。

(5)正确进行高压断电。

2.技能要点

(1)正确使用高压检测工具。

(2)正确读取高压故障数据。

(3)正确拆卸高压连接器。

(4)正确规范地进行高压安全检测。

(5)正确使用冰点测试仪器,并掌握测试标准。

(二)前机舱检查与维护

1.前机舱盖锁的检查

前机舱盖锁的检查见表4-8。

前机舱盖锁的检查　　　　　　　　　　　表4-8

操作方法与说明	部件名称及作用
(1)关闭前机舱盖,确保机舱盖完全关闭。 (2)检查者绕车辆前端环视检查。  (3)解锁并轻微弹起前机舱盖,找到前机舱盖锁扣,拨动锁扣,完全解锁。 (4)用双手向上抬机机舱盖,确认机舱盖锁止功能正常。  (5)首先关闭前机舱盖。 (6)目视检查前机舱盖与前机舱之间是否有间隙。 (7)若无间隙,则检查完成,若有间隙则需要打开机舱盖,检查支持垫块高度。 (8)根据测量结果调整支承块眼槽内的调节垫片,使舱口盖恢复到原来预定位的状态,误差应控制在1mm以内。	检查前舱机舱盖是否有刮痕、异物、污渍、变形等。 □有　□没有 检查前机舱盖锁扣功能是否正常。 □正常　□不正常

续上表

操作方法与说明	部件名称及作用
 （9）打开前机舱盖，检查密封条完成性。所有密封条都应保持良好状态，如需要更换或新装，应该更换整体长度进行修理，也不能使其存在间隙。 （10）密封件不得有超过0.4in（10mm）的永久性或不均匀压印，不能存在硬化、磨损或剥落情况。如果有过多永久性沟纹的橡胶密封件，应当予以换新。 （11）机舱盖压条应该表面均匀，不存在损坏和严重变形。 （12）机舱盖槽形密封条应当无腐蚀，不存在损坏和变形	检查前机舱盖高度调节垫块高度是否一致。 □一致　□不一致 检查前机舱盖密封条是否损坏。 □正常　□不正常 与前舱配合间隙是否正常。 □正常　□不正常

2. 前机舱低压线束检查

前机舱低压线束检查见表4-9。

前机舱低压线束检查　　　　　　　　　　　表4-9

操作方法与说明	部件名称及作用
（1）检查蓄电池负极极柱是否松脱。	蓄电池负极极柱是否松脱。 □松脱　□不松脱 蓄电池静态电压： 蓄电池动态电压：

续上表

操作方法与说明	部件名称及作用
（2）根据维修手册或实训指导书找到 VCU 模块的位置。 （3）根据维修手册或实训指导书找到 VCU 模块的 CA66a、CA67c 插头，检查锁扣是否锁到位。 （4）用手轻轻按压连接器插头，并向外轻轻拉动，确认是否锁固牢靠。 	检查 VCU 插头 CA66a 是否松动。 □正常 □不正常 检查 VCU 插头 CA67c 是否松动。 □正常 □不正常
（5）根据维修手册或实训指导书找到三合一高压配电盒位置。 （6）根据维修手册或实训指导书找到高压配电盒的 CA119 插头，检查锁扣是否锁到位。 （7）用手轻轻按压连接器插头，并向外轻轻拉动，确认是否锁固牢靠。 	检查三合一低压线束插头 CA119 是否松动。 □松动 □不松动
（8）根据维修手册或实训指导书找到空调压缩机位置。 （9）根据维修手册或实训指导书找到空调压缩机 BV08a，检查锁扣是否锁到位。 （10）用手轻轻按压连接器插头，并向外轻轻拉动，确认是否锁固牢靠。 	检查空调压缩机低压线束插头 BV08a 是否松动。 □松动 □不松动

续上表

操作方法与说明	部件名称及作用
（11）根据维修手册或实训指导书找到 PTC 加热器位置。 （12）根据维修手册或实训指导书找到 PTC 加热器 BV43a 插头，检查锁扣是否锁到位。 （13）用手轻轻按压连接器插头，并向外轻轻拉动，确认是锁固牢靠	检查 PTC 加热器线束插头 BV43a 是否松动。 □正常　□不正常

3. 前机舱高压线束及部件检查

前机舱高压线束及部件检查见表 4-10。

前机舱高压线束及部件检查　　　　　　　　　　表 4-10

操作方法与说明	部件名称及作用
（1）根据维修手册或实训指导书找到空调压缩机 BV29 插头，检查锁扣是否锁到位。 （2）用手轻轻按压连接器插头，并向外轻轻拉动，确认是否锁固牢靠。 （3）根据维修手册或实训指导书找到空调压缩机 BV27a 插头，检查锁扣是否锁到位。 （4）用手轻轻按压连接器插头，并向外轻轻拉动，确认是否锁固牢靠。	（1）检查前机舱三合一插头 BV29 是否松动等。 □有　□没有 （2）检查 BV29 插头是否有损坏、变形、污迹、松脱、老化等迹象。 □有　□没有 （3）检查前机舱三合一插头 BV27a 是否松动等。 □有　□没有 （4）检查 BV27a 插头是否有损坏、变形、污迹、松脱、老化等迹象。 □有　□没有

续上表

操作方法与说明	部件名称及作用
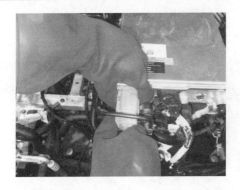 （5）根据维修手册或实训指导书找到空调压缩机 BV30a 插头，检查锁扣是否锁到位。 （6）用手轻轻按压连接器插头，并向外轻轻拉动，确认是否锁固牢靠。  （7）根据维修手册或实训指导书找到空调压缩机 BV32a 插头，检查锁扣是否锁到位。 （8）用手轻轻按压连接器插头，并向外轻轻拉动，确认是否锁固牢靠。 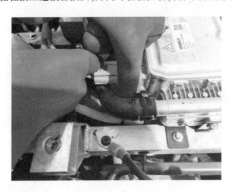 （9）根据维修手册或实训指导书找到电机控制器 BV28a 插头，检查锁扣是否锁到位。 （10）用手轻轻按压连接器插头，并向外轻轻拉动，确认是否锁固牢靠。	（5）检查前机舱三合一插头 BV30a 是否松动等。 □有　□没有 （6）检查 BV30a 插头是否有损坏、变形、污迹、松脱、老化等迹象。 （7）检查前机舱三合一插头 BV32a 是否松动等。 □有　□没有 （8）检查 BV32a 插头是否有损坏、变形、污迹、松脱、老化等迹象。 （9）检查前机舱三合一插头 BV17a 是否松动等。 □有　□没有

续上表

操作方法与说明	部件名称及作用
 （11）根据维修手册或实训指导书找到空调压缩机 BV17a 插头,检查锁扣是否锁到位。 （12）用手轻轻按压连接器插头,并向外轻轻拉动,确认是否锁固牢靠  	（10）检查 BV17a 插头是否有损坏、变形、污迹、松脱、老化等迹象。 （11）检查前机舱三合一插头 BV33b 是否松动等。 □有　□没有 （12）检查高压组件外观是否变形、有油液。 □有　□没有 （13）检查警告标签是否完好。 □是　□不是

4. 前机舱制动液检查

前机舱制动液检查见表4-11。

新能源汽车常规维护 | 学习任务四

前机舱制动液检查　　　　　　　　　　　　　　表 4-11

操作方法与说明	部件名称及作用
	（1）前机舱制动液液面高度是否正常。 □正常　□不正常 （2）制动油壶是否存在漏液现象。 □有　□没有 （3）观察制动液颜色，颜色为＿＿＿＿＿。 □正常　□不正常 注：制动液的颜色一般都是浅黄色、透明、无杂质的液体

（1）知识提示：加注冷却系统的冷却液时，连接好管路后。将冷却壶加到"MAX"处，整车＿＿＿＿＿＿，同时点击＿＿＿＿＿＿＿＿＿＿按键 3s 以上再放开，查看冷却液里面是否冒气泡，冷却液是否下降（若没有，可再次同时点击按键），加注时间需 30min 以上，且加注好后需整车退电。

加注暖风回路冷却液时，在确保管路等连接好后。将采暖壶冷却液介质加到"MAX"处，整车＿＿＿＿＿＿，使用诊断仪进入几何 C 车型中的 AC 模块中的控制选项，找到"热交换水泵"，控制水泵占空比 90%，加注时间需要＿＿＿＿＿＿，加注好后退出诊断即可。

（2）本车冷却系统包含＿＿＿＿＿＿＿＿＿＿＿＿＿＿＿＿。组成部件有动力蓄电池冷却系统、电驱动系统（电机控制器、电驱动系统）、高低压充电系统、热交换集成模块、电动水泵、膨胀罐、散热器、散热器风扇。

车上的动力蓄电池在充电和放电过程中都会产生大量的热。当动力蓄电池温度过高时除了老化外，最重要的是还会使得相关导体上的电阻增大，这会导致电能不转换为功，而是转换成热量损耗掉了。

根据动力蓄电池的特性要求，动力蓄电池包内部采用＿＿＿＿＿＿实现包内外热交换。通过＿＿＿＿＿＿＿＿＿＿＿＿＿实现对动力蓄电池的冷却和加热，保证动力蓄电池可以正常高效地工作。冷却系统的作用就是通过冷却液循环散热为动力蓄电池进行散热，并且通过热交换管理模块及整车管路在适当的时候给动力蓄电池加热。电驱动系统内电机转子高速旋转会产生高温，热量通过机体传递，如果不加以降温，电驱动系统无法正常工作，所以电驱动系统内设置有冷却液道，通过冷却液的循环与外界进行热交换。这样能将电驱动系统的工作温度保持在一定范围内，防止电驱动系统过热。

高低压充电系统工作时将高压交流电转化成高压直流电，其转化过程中会产生大量的热量，因此高低压充电系统内部也有冷却液道，通过冷却液的循环降低高低压充电系统的工作温度。高低压充电系统还要将动力蓄电池的高压直流电转化成低压直流电为铅酸蓄电池充电。在此过程中会产生热量，需要通过冷却液循环散热。

179

电驱动系统冷却是通过冷却液循环散热为_____、电机控制器、电机、散热器部件进行散热。

(3)膨胀罐：膨胀罐又称_____，随着冷却液的温度变化，冷却液在冷却回路中体积会有明显的变化。在温度变高时，膨胀罐存储多余的冷却液。在温度降低时，膨胀罐向冷却回路中补偿适量的冷却液。本车配置有_____，分别在驱动电机冷却回路中和动力蓄电池冷却回路中，提升冷却系统工作效率。

5. 前机舱冷却液检查

前机舱冷却液检查见表4-12。

前机舱冷却液检查　　　　　　　　　　　　表4-12

操作方法与说明	部件名称及作用
(1)冰点测试仪的校零	冰点测试仪校零的基本步骤是： (1)_____ (2)_____ (3)_____

续上表

操作方法与说明	部件名称及作用
(2)电驱动系统冷却液液位检查	检查电驱动系统冷却液液位高度是否正常。 □正常　□不正常
(3)电驱动系统冷却液冰点检查	(1)电驱动系统冷却液液位冰点标准值：_____ (2)电驱动系统冷却液液位冰点实测值：_____ □正常　□不正常
(4)检查暖风系统和动力蓄电池系统冷却液液位。检查暖风系统和动力蓄电池系统冷却液冰点	暖风系统和动力蓄电池系统冷却液液位高度是否正常。 □正常　□异常 (1)暖风系统和动力蓄电池系统冰点标准值。 (2)暖风系统和动力蓄电池系统冰点实测值。 □正常　□异常

续上表

操作方法与说明	部件名称及作用
（5）玻璃水检查 	玻璃水洗涤液液位是否正常。 □正常　□异常

6. 前机舱空调管路外观检查

室内空调主机位于仪表内，由鼓风机、_____、空调滤清器、加热器芯、_____、膨胀阀冷暖温度风向控制电机以及各种空气偏转风门、通风风道构成。

（1）鼓风机：鼓风机由永磁型电动机、鼠笼型风扇组成。鼓风机在不同转速下运转转速变化取决于鼓风机调速模块，如用户选择最大空调模式，绝大部分进入鼓风机的空气来自乘客舱（内循环）。

（2）加热器芯：加热器芯体是加热器系统的主要部件。加热器芯体位于空调主机内，被 PTC 加热过的冷却液被泵入_____，加热器芯体将冷却液的热量传输给流经加热器芯体的空气，加热器芯体有特有的进口和出口暖风水管。拆卸时，加热器芯体的暖风水管路必须完全泄放。维修时，配备独立暖风水管道的加热器芯体必须已经是安装好的。

（3）蒸发器与膨胀阀：蒸发器位于空调主机左侧。空调主机安装在车上，需要对其进行拆卸，才能拆卸和安装蒸发器与膨胀阀。拆卸时，蒸发器的制冷管路必须完全泄放。维修时，配备独立制冷剂管路的蒸发器必须已经是安装好的。膨胀阀与蒸发器相连，安装于蒸发器的一端，位于蒸发器进口，膨胀阀的一侧连接着空调压缩机的进、排气管，一侧连接着蒸发器的进排气管，在液体管路内对高压液体制冷剂形成限制，使制冷剂流向蒸发器时称为液体。

膨胀阀根据空调压力下限、空调压力上限从大到小改变位置。蒸发器在空气进入乘客室之前对其进行_____。蒸发器内_____，从而吸收通过蒸发器气流的热量。空气中的热量传给蒸发器芯的时候，空气中的水分和湿气会凝结在蒸发器芯的外表面上形成水流出。

（4）制冷剂 R-134a。制冷剂在空调系统中有吸收热量、携带热量、释放热量的作用。车辆使用 R134a 制冷剂，它为无毒、阻燃、透明、无色的液化气体。需要打开制冷系统管路或部件维修作业前，应参阅制冷剂管路和管接头的处置以及保持化学品稳定性的说明。R-134a 系统加注专用润滑油 HAF68、POE 合成制冷剂油。R-134a 制冷剂油易吸水,需要在密闭容器中进行储存。

(5)车辆采用空调高压管与低压管将空调制冷系统连接成一个密闭的系统,制冷剂与润滑油在这个密闭的系统里流动,完成制冷剂的工作循环过程。空调硬管由铝管和相应接头组成,空调软管由橡胶软管和相应接头组成。

空调压力开关属于三态压力开关,根据空调制冷循环制冷剂压力值,打开或关断压力开关,传送空调系统压力信号,实现空调系统的压力保护。

空调压力传感器通过采集压力信号,发送不同的风扇占空比,同时限定压力范围,保护压缩机。配低配热管理控制器的空调系统在压缩机吸入口位置布置了一个低压压力传感器,系统通过采集压力信号,结合蒸发器出口和热交换器出口冷媒温度来控制蒸发器端和热交换器端电子膨胀阀开度,若低压过低会保护压缩机。

配高配热管理控制器的高配空调系统在压缩机出口布置了一个_____,当空调实现制冷/热泵制热功能时,通过_____,发送不同的风扇_____,同时限定压力范围,保护压缩机。

7. 前机舱管路泄漏检查

前机舱管路泄漏检查见表 4-13。

前机舱管路泄漏检查　　　　　　表 4-13

操作方法与说明	部件名称及作用
(1)散热器、冷凝器检查	目视检查冷凝器有无脏污、变形及泄漏等。 □正常　□异常 目视检查散热器有无泄漏、变形等。 □正常　□异常
(2)压缩机相关管路检查	管路连接、外观是否正常。 □正常　□不正常

续上表

操作方法与说明	部件名称及作用
（3）冷凝器相关管路检查	管路连接、外观是否正常。 □正常　□不正常
（4）冷却风扇是否正常工作检查	风扇是否正常转动。 □正常　□不正常 风扇开始工作的条件是： _____ _____ _____ _____ 。

四 评价反馈

评价表见表4-14。

评价表　　　　　　　　　　　表4-14

评分项目	评分标准	分值(分)	得分(分)
学习目标	能明确本任务的知识、技能、素养目标,理解任务在工作中的重要程度	5	
工作任务分析	能清晰描述完成本次工作任务内容	5	
	能清晰描述完成本次工作任务需必备的技能与知识点	5	
有效信息获取	能够了解前机舱检查维护内容	5	
	能够了解前机舱检查维护所需基本工具	5	
	能够了解前机舱高压系统工作基本原理	5	
	能够进行前机舱高低压线束连接检查	5	

续上表

评分项目	评分标准	分值(分)	得分(分)
实施方案制订	能清晰地制订并填写本次车辆清洁的准备作业计划	5	
	能组织或协同工作小组成员,明确本次任务所需仪器设备、工具、材料的准备与清点,并准备记录	5	
	能组织或协同工作小组成员交流,优化检查方案并记录	5	
任务实施	能够正确的进行汽车高压维修区域隔离	5	
	能够检查高压维修区域的灭火器等防护用具	5	
	能够检查高压维修作用安全防护用品	5	
	能够按照标准要求完成对前机舱高低压线束的检查	5	
	能够进行冷却液冰点的检查和判断	5	
	能够进行规范的高压断电操作	5	
	能够进行5S作业	5	
任务评价	能通过本次任务实施,结合自己在实训过程中的表现,进行自我评价及自我反思并记录	5	
职业素养	按规定时间完成项目作业	2	
	遵守实训室管理规定、劳动纪律	2	
	积极参与课堂活动、回答问题	2	
	能够按时出勤	2	
思政要求	能独立实施8S、融入团队协作、提升职业素养	2	
总计		100	

改进建议:

教师签字:
日期:

学习活动3 新能源汽车底盘检查维护

明确任务

黄先生的车辆已行驶了30000km,为了确保日常行车的安全,黄先生准备到4S店给爱车做一次维护。

在得知黄先生的目的后,作为技术员,请你根据任务描述,对该车的制动系统、行驶系统、转向系统部件进行检查与维护,使其恢复并保持正常使用性能。

二、工作准备与计划制订

(一)知识准备

新能源汽车的底盘设计和燃油车有很大的区别。第一,车身设计自由度更大,现在的底盘越来越趋于平面化,为了空气流动性好,下面一般都是平的。车身与它分离,所以车身的设计自由度变大。第二,内部空间增加。现在利用整体化设计概念,电气化设计越来越多,减少了一部分零部件,进而可以减少底盘的空间,以便于把内部空间释放出来。第三,由于系统化设计程度越来越高,产品越来越少,制作、维护也是大大简化。第四,蓄电池包现在固定在底盘下部,重量、轴心都很低,这也增加了整车的操作性。

1. 新能源汽车底盘的结构组成与功用

(1)结构组成。

新能源汽车底盘一般由＿＿＿＿＿＿＿＿＿＿＿＿＿＿＿＿＿＿＿＿＿＿＿＿＿＿。

(2)功用。

底盘是＿＿＿。

2. 制动系统

(1)功用。

制动系统的功用是:按照需要,使汽车减速或在最短距离内停车,并保证制动过程的稳定性;下坡行驶时保持车速稳定;使停驶的汽车(包括在坡道上)可靠驻停。

对汽车起制动作用的只能是作用在汽车上且方向与汽车行驶方向相反的外力,而作用在行驶汽车上的滚动阻力、上坡阻力、空气阻力虽然都能对汽车起一定的制动作用,但这些外力的大小都是随机的、不可控制的。因此,汽车上必须装设一系列专门装置以实现上述功能。这些装置总称为制动装置。

(2)基本组成。

汽车制动系统一般有以下四个组成部分(图4-16):

＿＿＿＿＿:包括供给调节动所需能量及改善传能介质状态的各种部件,如气压制动系统中的空气压缩机。

＿＿＿＿＿:包括产生制动动作和控制制动效果的各种部件,如制动踏板等。

＿＿＿＿＿:将驾驶人或其他动力源的作用力传到制动器,同时控制制动器的工作,从而获得所需的制动力矩。包括将制动能量制动器的各个部件,如制动主缸、制动轮缸等。

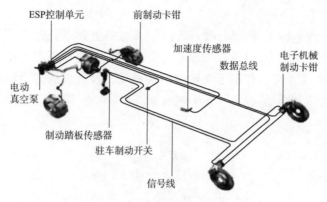

图4-16 制动系统

_____:产生阻碍车辆的运动或运动趋势的力的部件。

较为完善的制动系统还包括_____。

(3)新能源汽车制动系统与传统汽车制动系统的区别。

新能源汽车制动系统与传统汽车制动系统的区别不大,主要不同是新能源汽车在传统汽车液压制动系统基础上增加了电动真空助力系统(图4-17),以及采用制动能量回收模式。

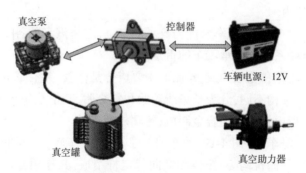

图4-17 电动真空助力系统

(4)制动能量回收。

制动能量回收功能是新能源汽车区别于传统内燃机汽车的典型特征。正是由于驱动系统中电机的存在,使得制动损失能量可以部分转化为电能,存储到蓄电池中,可以有效提高能量利用率,延长续驶里程。制动能量回收系统一般分为串联式和并联式两种。

并联制动能量回收在不改变传统汽车制动系统的基础上,在驱动轮上叠加一个电制动。其结构简单,易于实现。但是制动踏板感觉差,回收率低。串联制动能量回收通过电机制动与液压制动协调控制,尽可能多地用电机制动,其动态控制性好,踏板感觉好,回收率高,但是对原车制动系统改动较大,成本高。

3.行驶系统

(1)功用。

汽车作为一种运输工具,其行驶系统(图4-18)的主要功用是:支承汽车的总重量;接受由电动机传来的动力,通过驱动轮与地面之间的附着作用产生驱动力,保证汽车正常行驶;传递并支承路面作用于车轮上的各种反力及其形成的力矩;缓和不平路面对车身造成的冲击和震动,保持汽车平顺行驶。

图4-18 新能源汽车行驶系统

(2)基本组成。

行驶系统一般由_____
_____。车架是全车装配与支承的基础,它将汽车的各个相关总成连接成一个整体,并与行驶系共同支承汽车的重量。

车轮由轮胎、轮辋和轮辐构成,轮胎的主要成分是橡胶,并有尼龙、纤维、钢丝等加强材料。车轮按其结构不同,分为子午线轮胎和斜交胎,其中子午线轮胎性能优良,被广泛使用;轮辋一般由钢铁或铝合金制成,轮辐外形多样。

汽车悬架装置是车架(图4-19,或车身)与车轴(或车轮)之间的弹性连接装置的统称,由弹性元件、导向机构、减振器和横向稳定杆组成,其作用是缓和行驶中车辆受到的冲击力,衰减振动,使车辆保持稳定,提高舒适性和操纵稳定性。汽车悬架可以分为非独立悬架和独立悬架(图4-20)。

图4-19 新能源汽车车架

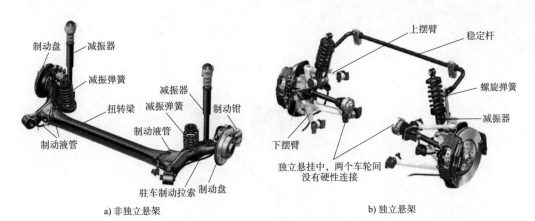

图4-20　非独立悬架和独立悬架

车桥(图4-21)主要由前、后托臂组成,用来传递车架与车轮之间的各种方向的作用力。

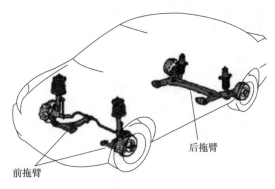

图4-21　车桥

4. 转向系统

(1)功用。

汽车转向系统的功用是按照驾驶人的意愿变或维持汽车的行驶方向。

(2)类型。

转向系统按能源不同,分为_____两大类。

机械转向系统以驾驶人的体力作为转向能源传媒,其中所有的传递部件都是机械的。动力转向系统是兼用驾驶力和电动机动力作为转向能源的转向系统。正常情况下,汽车转向所需能量只有一小部分有驾驶人提供,而大部分由电动机通过转向加力装置提供。在转向加力装置失效时,一般还应当能由驾驶人独立承担汽车转向任务。动力转向系统是动力转向器是在机械转向系的基础上加设一套转向加力装置而形成的。

新能源汽车动力转向系统一般为电动式,根据作用位置不同,可分为_____ _____三种。图4-22 所示为齿条式电动转向系统。

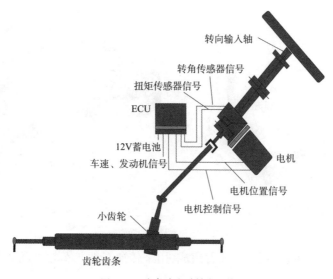

图 4-22 齿条式电动转向系统

(二)制订工作方案

1. 任务分工(表 4-15)

学生任务分配表　　　　　　表 4-15

班级		组号		指导老师	
组长		任务分工			
组员 1		任务分工			
组员 2		任务分工			
组员 3		任务分工			
组员 4		任务分工			
组员 5		任务分工			
组员 6		任务分工			

2. 工量具、仪器设备与耗材准备

(1)使用的工量具有：_____。

(2)使用的仪器设备有：_____。

(3)使用的耗材有：_____。

3. 具体方案描述

_____

_____

_____

_____

三、计划实施

(一) 安全注意事项及技能要点

1. 安全注意事项

(1) 作业之前穿戴好绝缘鞋、绝缘手套、绝缘服和绝缘帽。

(2) 手腕、身上不能佩戴金属物件,如金银手镯、戒指、手表、项链等物品。

(3) 使用举升机前,检查并排除设备周围及车辆上的人和障碍物,确认安全锁止装置工作可靠。

(4) 正确、规范使用底盘的检修工具。

(5) 避免撞击电子部件,如 EPS 控制器和 EPS 电动机。如果这些部件跌落或遭受严重撞击,就必须更换。

(6) 不要将任何电子部件暴露在高温或潮湿的环境中。

(7) 不要触碰连接器端子,以防变形或者因静电引起故障。

2. 技能要点

(1) 按规定里程维护制动系统,视情况修理制动系统是轿车维护与检修最基本的操作技能,其技术状况的好坏直接影响车辆的安全行驶。制动系统维护主要包括检查制动系统是否渗漏或损坏、检查制动液液面高度,必要时添加制动液、检查制动摩擦片或衬块的厚度、检查调整手制动装置等。

(2) 更换的制动液必须与原有型号相同,加注时注意不要让制动液沾在油漆上,如沾上,应立即用清水冲洗。

(3) 测量轮胎花纹深度时,应避免磨损指示凸块;读数时目光应平视刻度线。

(4) 轮胎气压的检查应在轮胎冷却后进行。

(5) 当给轮辋的内侧或外侧上部加装平衡块时,要内外侧分别进行。

(6) 更换减振器时,只能整件更换,不能拆开维修。

(7) 查阅车辆维修手册获得各螺栓螺母的规定转矩,检查底盘螺栓如有松动需记录并按规定力矩拧,应尽量用力拉,避免冲击动作。

(8) 在移动管柱或者转向机总成时,不要提拉线束。

(9) 对转向系统(转向器、转向横拉杆、转向柱等)进行拆装时,转向盘必须在车轮直向前位置。

(10) 转向器上的零件不允许焊接或校正,只能更换。

(二) 底盘检查与维护

1. 制动系统的检查与维护

制动系统的检查与维护操作方法及说明见表 4-16。

制动系统的检查与维护操作方法及说明　　　　　　　表 4-16

步骤	操作方法及说明	质量标准及记录
1. 检查制动踏板	（1）关闭电源，踩几次制动踏板，感觉制动踏板反应灵敏程度，看制动踏板能否完全落下，有无异常噪声，是否过度松旷。 （2）检查制动踏板自由行程。反复踩制动踏板直至助力器中无真空为止。 （3）用手轻轻按压自动踏板，使用钢直尺测量并计算出制动踏板的自由行程	□是否关闭汽车电源 □反复踩踏制动踏板直至助力器中无真空为止 □正确读数并计算制动踏板自由行程
2. 检查制动液液面	（1）检查制动总泵与储液箱周围有无泄漏。 （2）检查制动液软管是否有扭曲、磨损、裂纹，表面有无凹痕或其他损伤。 （3）若车辆行驶 40000km 或使用超过两年，应更换制动液： ①将原有制动液完全排尽； ②对制动系统进行排气操作（顺序为右后轮、左前轮、右前轮、左前轮）； ③把放气管连接在制动分泵放气孔上，另一端插入装有制动液的容器内； ④踩住不动时松开放气螺栓，重复几次，直到气孔中没有气泡流出，以规定转矩拧紧放气螺栓	□使用手电筒检查有无泄漏、变形和裂纹 □制动液符合更换要求 □对制动系统进行正确排气操作
3. 检查制动盘和摩擦片	（1）卸下车轮及卡钳，不要将制动软管从制动钳上取下。	□正确拆卸车轮和制动卡钳

续上表

步骤	操作方法及说明	质量标准及记录
3. 检查制动盘和摩擦片	（2）清洁摩擦片，检查摩擦片厚度，如厚度不符合标准应更换。 （3）检查制动盘有无过度磨损、裂纹。清洁制动盘，在距制动盘端面外边缘 10mm 处沿圆周 4 个等分点，用千分尺分别测量制动盘厚度。 （4）检查制动盘跳动量。在离制动盘端面外大约 10mm 处，放置百分表顶尖。转动制动盘，测量轴向圆跳动量	□测量制动卡钳摩擦片厚度 □正确使用千分尺测量制动盘厚度 □正确使用百分表检查制动盘跳动量

续上表

步骤	操作方法及说明	质量标准及记录
4. 检查制动钳导向销和活塞防尘罩	(1)检查导向销运动是否灵活。 (2)活塞防尘罩是否存在破损。 注意：如有必要，可在两者表面涂上润滑脂，若卡滞或破损应立即更换	□正确检查导向销和防尘套
5. 检查电动真空泵	(1)检查电动真空泵的管路是否存在松动或漏气。 (2)检查真空罐单向阀连接管路是否漏气，胶圈是否损坏。 (3)检查真空助力器及连接管路有无漏气	□检查管路是否有松动或漏气情况 □检查胶圈损坏或老化情况
6. 检查驻车制动器	检查驻车制动器操纵杆的收紧程度和驻车制动器操纵杆拉起的齿数	□检查拉索拉起齿数是否在标准值范围内
7. 检查后制动鼓与制动摩擦片	(1)卸下车轮与制动鼓。 (2)检查后制动鼓与制动摩擦片有无过度磨损、损坏。同时检查制动分泵有无泄漏	□正确拆卸车轮及制动鼓

续上表

步骤	操作方法及说明	质量标准及记录
7. 检查后制动鼓与制动摩擦片		□检查制动鼓有无损坏 □检查制动分泵有无泄漏

2. 行驶系统的检查与维护

行驶系统的检查与维护操作方法及说明见表4-17。

行驶系统的检查与维护操作方法及说明　　　表4-17

步骤	操作方法及说明	质量标准及记录
1. 检查轮胎外观	（1）将车轮至少旋转1圈，检查胎面、胎侧是否有异常磨损。 胎面裂纹 胎面损坏 （2）检查胎面、胎侧是否有裂纹和损坏，如有较大裂纹、割痕，更换轮胎。 （3）目视检查花纹槽内是否嵌入金属等异物，若有，取出	□是　□否 □是　□否 □是　□否
2. 检查轮胎磨损程度	使用轮胎花纹深度尺在轮胎不同位置多次测量花纹深度，检查是否低于安全深度（1.6mm） 1.6mm	□正确使用轮胎花纹深度尺 判断轮胎是否能继续使用： □是　□否

续上表

步骤	操作方法及说明	质量标准及记录
3.检查轮胎气压	将轮胎胎压表对准轮胎气门嘴,读取胎压表上的数值,必要时作出调整	□正确使用胎压表
4.检查轮毂	(1)举升车辆到合适位置。 (2)目视检查轮辋是否有变形或损坏,如有严重问题,立即更换。 (3)双手握住轮胎上下侧,多次来回扳动轮胎,检查轮毂轴承有无松旷、摆动。 (4)来回转动轮胎,检查有无噪声、卡滞现象	□正确使用举升机 □是　□否 □有　□无 □有　□无
5.检查车轮的动平衡	(1)清除被测车轮上的泥土、石子等污垢、杂物。 (2)拆下旧平衡铅块。 (3)检查轮胎气压,调整至规定气压值。 (4)根据轮辋中心孔的大小选择锥体,装上车轮,用快速锁紧螺母将车轮锁紧在转动轴上。 (5)将车轮安装在动平衡机上。 (6)用卡尺测量轮辋宽度、轮辋边缘至动平衡机的距离。	□清除轮胎上的杂物 □拆下旧平衡块 □调整轮胎气压至规定值 □选择合适的锥体装上车轮 □正确安上动平衡机 □将卡尺测出的数据输入动平衡机 □使用动平衡机测出数据后,装上合适的平衡块

续上表

步骤	操作方法及说明	质量标准及记录
5. 检查车轮的动平衡	(7) 将宽度、距离及轮辋直径数据输入动平衡机。 (8) 放下车轮防护罩,按下起动键(有的是自动起动),车轮旋转,自动采集数据,几秒后自动停转,从指示装置读取车轮内、外不平衡质量和不平衡位置信息。 (9) 抬起车轮防护罩,用手慢慢转动车轮,直至指示装置发出提示。 (10) 在轮辋内侧或外侧的上部(时钟12时位置)加装平衡块。 (11) 安装平衡块后,按第(8)步重新进行动平衡试验,直至不平衡量<5g,或指示装置显示"00"时为止。 (12) 测试结束后拆下轮胎	□再进行一次动平衡试验
6. 检查减振器	(1) 目测减振器是否有凹痕、损坏、变形。 (2) 停车后用力按压汽车一侧,若汽车摆动3~4次,说明减振性能很弱,应更换。 (3) 检查减振器是否漏油、防尘罩有无破损、油封是否完好。 (4) 检查减振器上方连接螺栓是否紧固。 (5) 拆下减振器或推拉活塞杆,检查是否发生活塞杆卡滞现象	□是　□否 □手按压车辆一侧,检查减振性能 □是　□否 □是　□否 □是　□否

续上表

步骤	操作方法及说明	质量标准及记录
6. 检查减振器		
7. 检查悬架装置	(1)检查左右摆臂及转向器外侧拉杆球头、拉杆球头上的防尘罩是否出现破损、漏油现象。 (2)检查球头的摆动与转动是否流畅，或是否有松动现象。 (3)在轮胎气压正常、汽车空载状态下，观察汽车，如汽车左右不等高，则要注意检查前悬架螺旋弹簧是否有左右长度不等现象，如有上述情况发生，更换螺旋弹簧。 (4)检查橡胶件，如有损坏、开裂或老化失效情况，则应更换。 (5)检查前、后悬架装置，是否有损坏、松脱、车身倾斜情况。 (6)检查前、后悬架上弹簧座有无脱开、撕裂成其他损坏，如有损坏，应更换。 (7)检查悬架螺栓、各支架螺栓连接是否紧固。 (8)检查后稳定杆、纵臂等是否弯曲、变形、损坏	□是 □否 □是 □否 □是 □否 □是 □否 □是 □否 □有 □无 □是 □否 □是 □否
8. 检查车架、车桥	(1)选择合适的扭力扳手，使用前对扭力扳手进行清洁、校零和旋向检查，调整到所需力矩。 (2)注意检查底盘螺栓紧固情况	□正确使用扭力扳手 □检查车架车桥螺栓紧固情况

续上表

步骤	操作方法及说明	质量标准及记录
8.检查车架、车桥		

3. 转向系统的检查与维护

转向系统的检查与维护见表4-18。

表4-18 转向系统的检查与维护操作方法及说明

步骤	操作方法及说明	质量标准及记录
1.检查转向盘的自由行程	(1)将转向盘置于正前方位置,给转向盘周围施加5N的力。 (2)测量转向盘的自由行程	□将转向盘置于正前方位置 □使用钢直尺测量转向盘自由行程
2.检查转向盘有无松旷和摆动	(1)用双手握住转向盘上下左右晃动,检查转向盘有无松旷和移动。 (2)拉动转向盘调节开关,检查是否可以随驾驶人的意愿上下调整转向盘高度和位置,并能够锁止	□有 □无 □是 □否

续上表

步骤	操作方法及说明	质量标准及记录
3.检查转向器传动机构的工作状况和密封性	(1)检查转向器传动机构的工作状况和密封性是否正常。 (2)检查前悬架、后悬架、转向器、转向横拉杆、转向柱等相关部件是否松旷或损坏。 (3)紧固以上各部件间螺栓	□是 □否 □是 □否 □使用正确工具紧固螺栓
4.检查转向盘及转向管柱有无变形、损坏	(1)转动转向盘,检查转向球节轴承有无磨损、损伤。 (2)检查转向轴和轴承,是否有"咔嗒"声和损坏,如有"咔嗒"声和损坏,应更换新部件。 (3)目测检查轴是否损伤或变形。 (4)转动转向盘,目测插接器转动是否顺畅,是否有损伤及转动	□有 □无 □是 □否 □是 □否
5.检查转向器本体连接紧固状态	(1)检查转向器壳体上是否有裂纹。 (2)检查轴承及衬套是否有磨损与损坏,油封、防尘套的磨损与老化情况,及时更换。 (3)目测检查转向器上有无漏油,如有漏油,更换全部O形圈及密封垫	□是 □否 □是 □否 □有 □无
6.检查转向横拉杆球头的间隙紧固情况	(1)举升车辆至车轮悬空位置,通过摆动车轮和转向横拉杆来检查间隙。 (2)检查转向横拉杆球头的固定螺母是否牢固	□正确使用举升机 □是 □否

续上表

步骤	操作方法及说明	质量标准及记录
7. 路试检查转向助力功能	(1)在道路试车过程中,通过原地转向、低速行驶中转向,检测转向时转向盘是否有沉重、助力效果不足等故障。 (2)将转向盘分别向左右转向至极限位置,检测是否有转向盘抖动、转向器异响等故障	□是　□否 □是　□否
8. 检测电动助力转向系统主电源	(1)检查电动助力转向系统主电源的主熔断丝 FU06 供电是否正常。 (2)使用万用表测量 T5/4、T5/5 的电压值,正常应为蓄电池电压值,其中 T5/4 为搭铁,T5/5 为常电	□是　□否 □正确使用万用表
9. 检测电动助力转向系统控制器20针插件供电及信号输入	(1)将钥匙转动至点火开关 ON 挡,检查电动助力转向系统控制器 5 号脚电压与蓄电池电压是否一致。 (2)检查 3 号脚车速信号线至整车控制器,用万用表电压挡测得数值应在 0.03~13.6V 范围内。 (3)检查 4 号脚 501 号线,使用万用表测量电动助力转向系统电机控制器输出电压为 5V,其中 5 号脚 504 号线转矩传感器搭铁。 (4)使用万用表检查 501 号线与 504 号线的电压,应为(5±0.1)V,若电机控制器没有(5±0.1)V 输出,更换电机控制器	□是　□否 □正确使用万用表

四、评价反馈

评价表见表4-19。

评价表　　　　　　　　　　　　　　　表4-19

评分项目	评分标准	分值(分)	得分(分)
学习目标	能明确本任务的知识、技能、素养目标,理解任务在工作中的重要程度	5	
工作任务分析	能清晰描述完成本次工作任务内容	2	
	能清晰描述完成本次工作任务需必备的技能与知识点	2	
有效信息获取	能描述新能源汽车底盘的组成和结构	5	
	能描述制动系统、行驶系统、转向系统的组成、功用和类型	5	
	能查阅维修手册,并根据手册清楚获取新能源汽车底盘的检查及维护方式	6	
	能根据要求进行相应零部件的检查和维护	5	
实施方案制订	能清晰地制订并填写本次新能源汽车底盘检查与维护的准备作业计划	5	
	能组织或协同工作小组成员,明确本次任务所需仪器设备、工具、材料的准备与清点,并准备记录	5	
	能组织或协同工作小组成员交流,优化检查方案并记录	5	
任务实施	能正确描述底盘检查的项目	5	
	通过底盘检查,分析零部件是否正常工作	5	
	通过查阅维修手册,结合分析结果,制订完善的检修方案	7	
	能进行制动系统、行驶系统、转向系统的拆装	5	
	能进行刹车盘的拆卸和安装	5	
	能清洗和更换轮胎,会检测轮胎动平衡	5	
	能利用检测工具判断转向系统是否正常工作,并作出正确的维修决策	7	
任务评价	能通过本次任务实施,结合自己在实训过程中的表现,进行自我评价及自我反思并记录	3	
职业素养	按规定时间完成项目作业	2	
	遵守实训室管理规定、劳动纪律	2	
	积极参与课堂活动、回答问题	2	
	能够按时出勤	2	

续上表

评分项目	评分标准	分值(分)	得分(分)
思政要求	能独立实施8S、融入团队协作、提升职业素养	5	
总计		100	

改进建议：

教师签字：
日期：

学习活动4　新能源汽车电器检查维护

一  明确任务

一辆吉利几何G6汽车在使用一段时间后，车主发现蓄电池出现故障，表现为点火开关置于"ON"挡，仪表显示蓄电池故障，系统故障灯点亮。车主将车驾驶至附近4S店，作为4S店的一名技师，你在接到任务后应该如何选择和使用维护工具？

二　工作准备与计划制订

（一）知识准备

1. 新能源汽车低压电源系统

传统燃油汽车的电源系统由发电机和蓄电池组成，发动机未起动时，汽车的用电器由蓄电池供电，当发动机起动以后，发动机带动发电机进行发电，进而给用电器供电，并且给蓄电池充电。与传统燃油汽车相比，新能源汽车电源系统有较大的区别。以纯电动汽车为例，它的电源系统由_____和_____组成，DC/DC变换器可将动力蓄电池的_____转换成_____，给汽车用电器供电或给蓄电池充电，如图4-23所示。

无论是插电式/增程式混合动力电动汽车，还是纯电动汽车，新能源汽车的低压电源系统架构都发生了改变，采用DC/DC变换器取代交流发电机和调节器，但保留了低压蓄电池，蓄电池作为可储存少量电能的辅助单元。

图 4-23　低压蓄电池充电示意图

1) DC/DC 变换器

随着新能源汽车的不断发展,DC/DC 变换器在新能源汽车上得到了越来越广泛的应用。低压电源系统所使用的是高压转低压转换器,这类转换器是新能源汽车的重要组成部分之一,主要用于将动力蓄电池输出的高压直流电转换成低压电器系统需要的直流电。

DC/DC 变换的意思就是直流变直流,是一种在直流电路中将一个电压值的电能变成另一个电压值的电能的装置。如,通过一个转换器能将一个 100V 的直流电压转换成 12V 的直流电压。这个转换器通过自激振荡电路把输入的直流电变成交流电,再通过变压器改变电压之后再转换成直流电输出,或者通过倍压整流电路将交流电转换为高压直流电输出。

DC/DC 变换器的结构如图 4-24 所示。DC/DC 变换器的外部带有散热片,能够将其在工作中产生的大量热量散发到空气中,此外,外壳具有多个线缆连接端口,分别高压输入端口、低压输出正极端口和负极端口。其中,高压输入端口与高压控制盒的高压输入电缆连接,低压输出端口与低压电路连接。转换器内部主要有电路板、变压器、低压整流输出部分,电路板上安装 DC/DC 变换器各种元器件,变压器将高压电转变成低压电,低压整流输出电路对低压电进行整流并输出。

2) 低压蓄电池

目前,新能源汽车广泛使用的低压蓄电池是免维护铅酸蓄电池,无论是传统燃油汽车还是新能源汽车,所使用的蓄电池均由 6 个电压为 2V 的蓄电池单体通过串联的方式组成 12V 的蓄电池模组,且基本结构相同,由＿＿＿＿＿＿＿＿＿＿＿＿＿＿＿＿＿＿＿＿＿组成。其实物如图 4-25 所示。

图 4-24　DC/DC 变换器

图 4-25　低压蓄电池

铅酸蓄电池可以循环充放电,在充放电过程中,蓄电池内部会发生电化学反应。放电过程中,负极失去电子,发生氧化反应,正极得到电子,发生还原反应;与之相反,在充电过程中,负极发生还原反应,正极发生氧化反应,其化学反应式如式(4-1)所示:

放电时:

$$\begin{cases} 负极反应:Pb - 2e^- + SO^- = PbSO \\ 正极反应:PbO + 2e^- + 4H + SO = PbSO + 2H_2O \end{cases} \quad (4-1)$$

铅酸蓄电池在使用过程中,受到多个因素的影响,它的寿命会出现不同程度的衰减。通常铅酸蓄电池的使用寿命为2~3年,但对于家用轿车来说,新车蓄电池可以使用4~5年,甚至更久。影响使用寿命的主要因素有驾驶人的驾驶习惯、蓄电池的使用环境、使用频率等。此外,如果蓄电池深度放电、长时间静置或使用过程发生正负极短路,将会对蓄电池产生不可逆的损坏。因此,对蓄电池进行定期的检查和维护可延长电池的使用寿命。

2. 新能源汽车空调系统

新能源汽车空调系统包含_____两部分。其中制冷系统与传统燃油汽车类似,由_____组成,区别在于新能源汽车采用的是电力驱动的压缩机,由高压动力蓄电池为压缩机供电,传统燃油汽车采用的是机械驱动的压缩机,由发动机皮带轮传递动力带动压缩机工作。

空调滤芯的作用就是过滤掉有害物质,提高车厢内空气质量,为车内乘用人员营造一个安全、舒适的呼吸环境,保护车内人员的身体健康。空调滤芯如图4-26所示。空调滤芯使用一段时间后会出现污垢,无法清洗,造成气流堵塞。若没有定期进行更换,空调会出现制冷、制热效果下降的现象,并增加耗电量。

鼓风机(图4-27)是利用装有许多叶片的工作旋轮所产生的离心力来挤压空气,以达到一定的风量和风压的。鼓风机通过吹入空调蒸发箱中的冷空气或热水箱中的热空气,将冷气或热气吹到车内。控制风速的快慢是鼓风机的主要作用,可根据车内空气情况来调节风速。

图4-26 空调滤芯　　　　　　图4-27 鼓风机

制冷剂就是在汽车空调的制冷系统里面，通过循环改变其自身的状态，来实现制冷的物质。空调制冷剂的主要作用是降低汽车内部空气的温度。制冷剂在蒸发器内会吸收热量汽化，在冷凝器中又将热量传递给周围的空气或者是水，实现冷凝的过程。空调的制冷剂如果不足，空调的制冷效果就会变差，甚至是无法制冷，因此汽车空调的制冷剂是需要经常添加的，制冷剂比较容易损耗，车主们应该要经常检查制冷剂。但是要注意加制冷剂的时候，如果制冷剂量太多，也会对制冷效果产生影响，所以制冷剂量要适中。

常用的制冷剂有 R-12、R-134A、R-407C、R-404A、R-22、R-410A 这六种。其中，R-12 属于已经被淘汰并且禁止使用的，R-134A 是现在市面上比较常见，使用也最为普遍的一种，R-407C 一般在一些冷藏车的制冷系统里面会使用，R-404A 是现在纯电动客车空调使用的，R-22 和 R-410A 在市面上很少见。

压缩机是一种将低压气体提升为高压气体的从动的流体机械，是制冷系统的心脏。它通过电机运转带动活塞对制冷剂气体进行压缩后，向排气管排出高温高压的制冷剂气体，为制冷循环提供动力。压缩机如图 4-28 所示。

膨胀阀是制冷系统中的一个重要部件，一般安装于蒸发器之前。膨胀阀使中温高压的液体制冷剂通过其节流成为低温低压的湿蒸汽，然后制冷剂在蒸发器中吸收热量。膨胀阀如图 4-29 所示。

图 4-28　压缩机

图 4-29　膨胀阀

蒸发器是制冷件中很重要的一个部件，低温的冷凝液体通过蒸发器，与外界的空气进行热交换，汽化吸热，达到制冷的效果。蒸发器如图 4-30 所示。

冷凝器能把气体或蒸气转变成液体，将管子中的热量以很快的方式传到管子附近的空气中。冷凝器工作过程是个放热的过程，所以冷凝器温度都是较高的。冷凝器如图 4-31 所示。

管路附件主要用于传递不同物理状态的制冷剂，将空调系统的各个部件连接起来，使一个完整的汽车空调系统有条不紊地工作。管路附件如图 4-32 所示。

制热系统与传统燃油汽车存在较大的区别，由鼓风机、蒸发器、PTC 加热器和温度传感器组成。由于新能源汽车驱动电机取代了发动机，因此，利用 PTC 加热器的热能作为制热系统的热源。

图 4-30　蒸发器　　　　　　　　　图 4-31　冷凝器

PTC 加热器采用 PTC 陶瓷发热元件与铝管组成，它是通过电阻的热效应生产热量，自身就是热源。该类型 PTC 发热体有热阻小、换热效率高的优点，是一种自动恒温、省电的电加热器。PTC 加热器如图 4-33 所示。

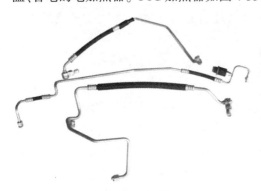　　　　　　　　

图 4-32　管路附件　　　　　　　　图 4-33　PTC 加热器

（1）制冷系统的工作原理。

制冷系统工作时，制冷剂以不同的状态在系统内循环流动。其流动过程可分为四个过程，分别是_____。

压缩过程是指压缩机吸入蒸发器出口处的低温低压的制冷剂气体，把它压缩成高温高压的气体排出压缩机。

散热过程是指压缩机排出的高温高压的制冷剂气体进入冷凝器，由于压力及温度的降低，制冷剂气体冷凝成液体，并排出大量的热量。

节流过程是温度和压力较高的制冷剂液体通过膨胀装置后体积变大，压力和温度急剧下降，以雾状的形式排出膨胀装置。

吸热过程是雾状制冷剂进入蒸发器，因制冷剂沸点远低于蒸发器内温度，故制冷剂液体蒸发成气体。在蒸发过程中大量吸收周围的热量，而后低温低压的制冷剂蒸气又进入压缩机。

上述过程周而复始地进行，从而达到降低蒸发器周围空气温度的目的。

（2）制热系统的工作原理。

新能源汽车制热的方式主要可分为_____两种，虽然热泵和 PTC 都能实现制热，但它们的工作原理有较大的区别。

热泵制热的工作原理就是将车外低温空气的热量泵到相对高温的车内,利用一个"四通电磁换向阀",即可实现制冷循环和制热循环,使车内得到冷气或热气。通过换向阀改变制冷剂的流向,利用制冷剂在循环中,高温高压气体在冷凝器里的液化过程,释放大量热量。

PTC 加热又分为空气 PTC 加热和液体 PTC 加热,_____就是把原来汽车空调里面的暖风芯体更换为空气 PTC,通过电加热 PTC,从空调进入的冷风经过电加热过的 PTC 进行热交换,从而达到制热的目的。_____就是在暖风芯体水管前面增加一个液体 PTC,通过电加热冷却液,经过加热的冷却液流入暖风芯体,从而达到制热的目的。

汽车在长时间行驶或停放后,前风窗玻璃上会堆积泥、沙、灰尘和其他杂物,为保证行驶安全,汽车上配备了刮水与洗涤系统,刮水与洗涤系统由刮水系统和洗涤器组成。刮水系统和洗涤器同时工作,能够清理风窗玻璃上的异物和雨雪,保证驾驶人有良好的视野。

3. 刮水系统与洗涤系统

汽车刮水系统一般由_____、_____、_____、_____、_____等组成。通过转向盘右侧的刮水器开关可以开启或关闭刮水系统,也可以调节刮水速度。

刮水器片是安装在雨刮臂末端的橡胶条,它贴合在风窗玻璃上,通过摩擦力将水分和污物带走,使驾驶人的视野清晰开阔。刮水器片可以降低交通事故,保障人们出行安全。刮水器片如图 4-34 所示。

刮水器臂是连接刮水器片和刮水连杆的金属杆,通过刮水电机的驱动,雨刮臂可以在风窗玻璃上来回摆动。刮水器臂如图 4-35 所示。

图 4-34　刮水器片

图 4-35　刮水器臂

刮水连杆是连接刮水器臂和刮水器电机的连杆机构,由电机驱动,通过连杆机构将电机的旋转运动转变为刮水器臂的往复运动,从而实现刮水动作。刮水连杆如图 4-36 所示。

刮水电机是控制刮水器臂摆动的电动装置,它可以通过开关或者传感器来调节刮水器的速度和频率。通过刮水器拨杆控制电机电流大小,就可以实现调节刮水工作的快慢。刮水电机如图 4-37 所示。

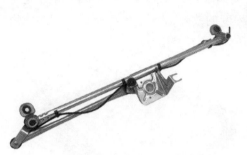

图 4-36　刮水连杆　　　　　图 4-37　刮水电机

　　刮水继电器是一种电气设备,它起到控制和保护刮水电机的作用。它的工作原理是通过控制单元对继电器进行控制,从而实现对刮水电机的开关控制。刮水继电器如图 4-38 所示。

　　汽车洗涤系统的作用是在风窗玻璃上喷洒玻璃水。汽车的洗涤系统一般包括_____,也叫洗涤水壶;_____等。当需要给风窗玻璃喷水时,大多数车型基本都是把刮水器操纵杆开关往后拉,喷水嘴并会喷洒出玻璃水,与此同时,刮水器片来回刮擦风窗玻璃。反复往后拉刮水器操纵杆,会重复喷水和刮水器刮水。

　　喷水壶是用于储存玻璃水的塑料罐,在发动机舱中可以找到一个很形象的车窗和喷水的标志,这就是喷水壶的玻璃水加注口。玻璃水是用来清洁车辆风窗玻璃的液体,主要由水、酒精、乙二醇等组成,具有清洁、防冻、防雾等功能。喷水壶如图 4-39 所示。

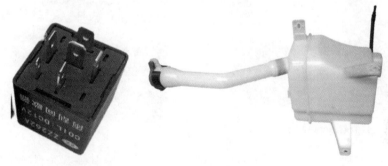

图 4-38　刮水继电器　　　　　图 4-39　喷水壶

　　喷水电机是通过电动机提供动力,将玻璃水从喷水壶中抽取,通过喷嘴喷出来。喷水电机如图 4-40 所示。

　　喷水管是用于传递玻璃水的管路零件,连接喷水壶、喷水电机和喷水嘴。喷水管如图 4-41 所示。

　　喷水嘴是用于将玻璃水以雾状或水柱状的形式喷洒在风窗玻璃上的零件,配合刮水器清洁风窗玻璃。喷水嘴如图 4-42 所示。

4. 低压辅助用电气设备

　　随着汽车电子技术的不断发展,越来越多的电气设备被应用到汽车上,以提高汽车的安全性、舒适性和便利性。如车灯、仪表、倒车影像、电动车窗、电动座椅等。这些电气设备在使用过程中会出现不同程度的故障，因此，在新能源汽车的使用过程中应该定期检查和维护低压辅助电气设备。

图4-40　喷水电机　　　　　图4-41　喷水管

汽车一般安装有前组合灯、后组合灯、侧转向灯、前雾灯、后雾灯和高位制动灯等。前组合灯一般由前照灯和转向灯组成，后组合灯由制动灯、转向灯和倒车灯组成。很多车主在汽车平时的使用过程中只留心发动机、车胎、蓄电池、暖风等部件，而疏忽了对车灯的检查与维护。及时维护车灯对车主至关重要，因为这不仅影响到行车的舒适性，而且还直接关系到行车的安全性。汽车车灯如图4-43所示。

图4-42　喷水嘴　　　　　　图4-43　汽车车灯

仪表位于驾驶人正前方，在转向柱上部，通过传感器或其他系统获得报警或操作信息，并反映在组合仪表上。组合仪表由功率表、动力蓄电池电量表、行车计算机多功能显示屏、车速表、指示灯与警告灯等组成。汽车仪表是人车交流最重要的平台，它将汽车行驶过程中的重要信息反映给驾驶人。为了确保仪表能够准确指示相关部件的性能和状态，必须正确使用和及时维护。汽车仪表如图4-44所示。

倒车影像系统利用了远红外广角摄像装置安装在车后，实用性很高。倒车影像系统主要是为了减少倒车时视觉上的盲区而产生的。一般来说，倒车影像是将远红外摄像头置于车尾，在挂倒车挡时，打开摄像头开关，同时将图像自动传送到汽车的显示屏，由于红外线的夜视性能，即便是晚上倒车也能看清物体。简单来说就是在车尾安装了一双"夜视眼睛"。倒车影像显示图像如图4-45所示。

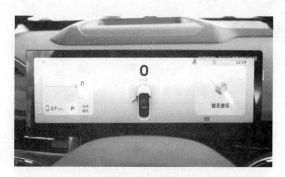

图 4-44　汽车仪表

图 4-45　倒车影像显示图像

电动车窗是由驾驶人或乘员操纵开关接通车窗升降电动机的电路，电动机产生的动力通过一系列的机械传动，使车窗玻璃按需求进行升降。电动车窗是指以电机驱动使车窗玻璃自动升降的车窗。电动车窗装置主要由升降控制开关、电动机、升降器、继电器等组成，其中电动机通过控制电流方向，使其正反向转动，达到车窗升降功能。每个车窗上都会有一个窗锁的开关，一旦关掉电动车窗开关就不会有任何作用。电动车窗开关如图 4-46 所示。

电动座椅是为驾驶人及乘员提供便于操作、舒适而有安全的驾驶位置。电动座椅根据调节方式可分为手动调节和电动调节式，按动力源的不同可分为真空式、液压式和电动式；按照座椅电机的数目和调节方向可分为两向、四向、六向、八向和多项调节等。电动座椅如图 4-47 所示。

图 4-46　电动车窗开关

图 4-47　电动座椅

(二)制订工作方案

1. 任务分工(表4-20)

学生任务分配表　　　　　表4-20

班级		组号		指导老师	
组长		任务分工			
组员1		任务分工			
组员2		任务分工			
组员3		任务分工			
组员4		任务分工			
组员5		任务分工			
组员6		任务分工			

2. 工量具、仪器设备与耗材准备

(1)使用的工量具有：_____。

(2)使用的仪器设备有：_____。

(3)使用的耗材有：_____。

3. 具体方案描述

_____

_____

_____

_____

三 计划实施

(一)安全注意事项及技能要点

1. 安全注意事项

(1)做好安全防护工作，佩戴好绝缘手套。

(2)严格遵守检查维护操作规程。

(3)正确使用检查的工具和仪器。

2. 技能要点

(1)正确低压电源系统。

(2)正确检查空调系统是否正常。

(3)正确检查刮水与洗涤系统是否正常。

(4)正确检查低压辅助电器是否正常。

(二)新能源汽车电器检查与维护

1. DC/DC 变换器的检查与维护

DC/DC 变换器的检查与维护见表 4-21。

DC/DC 变换器检查与维护　　　　　表 4-21

步骤	操作方法及说明	质量标准及记录
1. DC/DC 变换器拆卸	(1) 关闭启动开关。 (2) 断开变换器输入输出端线束插头。 (3) 断开变换器总成控制线及附件插件。 (4) 拆除固定螺栓	
2. 检查变换器输入端电压	(1) 将变换器输入插头拔出。 (2) 打开启动开关,用万用表电压挡测量插头两个插孔之间的电压	输入电压: □输入端电压是否正常: _____ _____
3. 检查 DC/DC 变换器电压	(1) 关闭启动开关。 (2) 打开前机舱接线盒,用万用表检测 DC/DC 变换器电压	□保险是否烧坏: _____ _____

续上表

步骤	操作方法及说明	质量标准及记录
4.检查变换器是否有12V启动电压信号输入	(1)断开变换器输出插件和信号线插件。 (2)打开启动开关,用万用表测量信号线插入端子和DC/DC变换器输出插入端子负极端子之间的电压	□电压是否为12V

2. 低压蓄电池的检查与维护

低压蓄电池的检查与维护见表4-22。

低压蓄电池的检查与维护　　　　　　　　表4-22

步骤	操作方法及说明	质量标准及记录
1.检查蓄电池外观	(1)观察蓄电池外壳是否破裂、鼓包、电解液有无渗漏。 (2)观察蓄电池正、负极柱是否脏污或有氧化物	□是否破裂、鼓包、漏液 □正、负极柱是否脏污或有氧化物 □加液孔盖是否破裂 □通气孔是否畅通
2.检查电池容量	(1)拆下蓄电池。 (2)将测试仪夹子夹在蓄电池正负极极柱	□蓄电池放电容量是否与额定容量相近

续上表

步骤	操作方法及说明	质量标准及记录
3.检查蓄电池开路电压	（1）关闭启动开关，蓄电池静置2h以上，即蓄电池不进行充放电。 （2）用数字式万用表的直流电压挡位测量正负极间的电压	□电压是否低为12V
4.检查蓄电池内阻	（1）关闭启动开关，蓄电池静置2h以上。 （2）利用专用的内阻测试仪或数字式万用表检测电阻	□电阻是否在合理范围内

3. 制冷系统的检查与维护

制冷系统的检查与维护见表4-23。

制冷系统的检查与维护　　　　　　　　　　　　表4-23

步骤	操作方法及说明	质量标准及记录
1.检查空调滤芯	（1）打开手套箱，手指扣开两边卡扣。	

续上表

步骤	操作方法及说明	质量标准及记录
1.检查空调滤芯	(2)往上掀起可以把卡扣取出。 (3)放倒手套箱能看到一块黑色的盖板,按动两侧的卡扣,取下盖板就看到空调滤芯。 (4)取出空调滤芯,并且观察滤芯是否清洁	□空调滤芯是否清洁
2.检查鼓风机是否正常	(1)按下启动开关,打开空调开关。	

续上表

步骤	操作方法及说明	质量标准及记录
2. 检查鼓风机是否正常	(2)从低挡到高挡分别拨动调速挡,每挡停留5min	□风速是否有变化
3. 检查制冷剂是否充足	(1)按下启动开关,并使空调系统工作,观察空调出风口是否能够排出冷风。 (2)若空调出风口不能正常排出冷风,关闭空调,并加注制冷剂	□制冷剂是否充足
4. 检查冷凝器表明是否清洁	(1)排出制冷剂。 (2)拆下与冷凝器相连接的管路,并用布塞住管口。	

续上表

步骤	操作方法及说明	质量标准及记录
4.检查冷凝器表明是否清洁	(3)松开冷凝器固定螺栓,取出冷凝器。 (4)观察冷凝器表面是否有赃物覆盖	□表面是否脏污 □表面是否变形、破损和裂纹
5.检查空调压缩机	(1)检查外观有无开裂、破损。 压缩机 (2)检查压缩机线束和管接头是否松动 管接头 线束	□外观是否破损 □连接是否松动
6.检查管路附件是否松脱	观察管接头、管道连接点、管道弯曲处是否存在松动、裂纹或漏气的现象 管路附件	□管路是否松脱、破裂

4.制热系统的检查与维护

制热系统的检查与维护见表4-24。

制热系统的检查与维护　　　　　　　　　　　　　　　　　　表4-24

步骤	操作方法及说明	质量标准及记录
1.检查PTC外观	（1）检查PTC外观是否完好。 （PTC外壳） （2）检查PTC电气连接是否稳固可靠 （PTC电气插件）	□PTC 外观是否完好 □PTC 电气连接是否稳定
2.检查PTC管路连接	检查PTC管路连接处是否漏液 （PTC管路接头）	□PTC 管路连接处是否漏液

5.刮水与洗涤系统的检查与维护

刮水与洗涤系统的检查与维护见表4-25。

刮水与洗涤系统的检查与维护　　　　　　　　　　　　　　表4-25

步骤	操作方法及说明	质量标准及记录
1.检查玻璃水液位	观察喷水壶中玻璃水的液位是否正常 （喷水壶）	□喷水壶是否缺液

续上表

步骤	操作方法及说明	质量标准及记录
2.检查喷水器喷嘴	(1)拨动喷水器喷水开关(向驾驶人方向拨动喷水开关一次)。 (2)观察有无玻璃水喷出	□喷水嘴是否堵塞
3.检查喷水器喷水压力	(1)拨动喷水器喷水开关(向驾驶人方向拨动喷水开关一次)。 (2)观察玻璃水喷洒高度及喷洒位置	□喷水高度是否合格 □喷水位置是否位于刮水器工作区域中间
4.检查喷水联动刮水器功能	(1)拨动喷水器喷水开关(向驾驶人方向拨动喷水开关一次)。	

续上表

步骤	操作方法及说明	质量标准及记录
4.检查喷水联动刮水器功能	(2)观察刮水器是否工作	□刮水器工作是否平顺
5.检查刮水器工作情况	(1)打开刮水器开关(向上拨动一次,打开低速挡),检查每只刮水器是否正常工作。 (2)关闭刮水器开关,检查刮水器能否自动停止在初始位置。 (3)拨动刮水器开关至不同挡位,检查刮水器速度是否正常	□刮水器是否正常工作 □刮水器速度是否正常

6.低压辅助电器的检查与维护

低压辅助电器的检查与维护见表4-26。

低压辅助电器的检查与维护　　　　表4-26

步骤	操作方法及说明	质量标准及记录
1.检查车灯	(1)检查车灯外壳有无色差。 (2)检查车灯外观有无破损、裂痕、水雾。 (3)打开车灯开关,检查车灯是否能正常点亮 前照灯	□车灯外壳是否有色差,破损 □车灯是否能正常点亮

续上表

步骤	操作方法及说明	质量标准及记录
1. 检查车灯	车灯开关	
2. 检查仪表	（1）检查仪表灯光，如有仪表亮度不够的情况，及时调节。 （2）检查仪表电路是否正常连接，避免出现短路或开路情况，如有异常情况，应及时修复。 （3）检查仪表传感器是否正常工作，如发现故障应及时修复	□仪表是否出现异常 □仪表传感器是否能正常工作
3. 检查倒车影像	（1）检查倒车影像摄像头清洁情况，如被泥浆、灰尘和稀泥覆盖，应及时清理。 摄像头 （2）检查连接线路是否松动或磨损，及时进行修复或更换。 （3）挂入倒挡，观察倒车影像能否正常开启	□摄像头是否清洁 □连接线路是否松动 □倒车影像能否正常开启

续上表

步骤	操作方法及说明	质量标准及记录
4.检查电动车窗	（1）检查四个车门的外观。 （2）检查四个车窗玻璃槽是否有异物，密封条是否老化变形，视情维护或更换。 玻璃槽 （3）按下启动开关，操控驾驶室侧的电动车窗开关，检查四个车窗玻璃能否正常升降，在升降时是否卡滞或有异响。 电动车窗开关 （4）按下驾驶侧的车窗锁定开关，操作其他车门的电动车窗开关，检查能否升降电动车窗玻璃；打开驾驶侧的锁定开关，操作其他车门的电动车窗开关，检查能否升降电动车窗玻璃 车窗锁定开关 电动车窗开关	□车门是否变形 □车窗玻璃槽是否有异物 □车窗玻璃能否正常升降 □车窗锁定开关是否能正常工作

续上表

步骤	操作方法及说明	质量标准及记录
5.检查电动座椅	（1）检查电动座椅的开关是否损坏，如果损坏，需要去修理厂修理。 电动座椅开关 （2）检查线路是否故障，如果控制电路出现故障，会导致电动座椅失灵，需要及时检修控制电路。 （3）检查电动座椅的熔断丝是否熔断，如熔断，需要及时更换熔断丝。 （4）检查异物，如滑轨内部有异物卡住，需要用薄铁条将异物从内部取出 电动座椅滑轨	□电动座椅的开关是否损坏 □线路是否故障 □滑轨内部是否有异物

四 评价反馈

评价表见表4-27。

评价表　　　　　　　　　　　　　　　表4-27

评分项目	评分标准	分值(分)	得分(分)
学习目标	能明确本任务的知识、技能、素养目标，理解任务在工作中的重要程度	5	
工作任务分析	能清晰描述完成本次工作任务内容	2	
	能清晰描述完成本次工作任务需必备的技能与知识点	2	
有效信息获取	查找资料获取新能源汽车低压电源系统的常见故障	3	
	查找资料获取新能源汽车空调系统的常见故障	3	
	查找资料获取新能源汽车刮水与洗涤系统的常见故障	3	
	查找资料获取新能源汽车低压辅助电器的常见故障	3	

续上表

评分项目	评分标准	分值(分)	得分(分)
实施方案制订	能清晰地制订并填写本次新能源汽车电器检查维护的准备作业计划	5	
	能组织或协同工作小组成员,明确本次任务所需仪器设备、工具、材料的准备与清点,并准备记录	5	
	能组织或协同工作小组成员交流,优化检查方案并记录	5	
任务实施	DC/DC变换器检查与维护	8	
	低压蓄电池的检查与维护	8	
	制冷系统的检查与维护	8	
	制热系统的检查与维护	8	
	刮水与洗涤系统的检查与维护	8	
	低压辅助电器的检查与维护	8	
任务评价	能通过本次任务实施,结合自己在实训过程中的表现,进行自我评价及自我反思并记录	3	
职业素养	按规定时间完成项目作业	2	
	遵守实训室管理规定、劳动纪律	2	
	积极参与课堂活动、回答问题	2	
	能够按时出勤	2	
思政要求		5	
总计		100	

改进建议:

教师签字:
日期:

习题

一、单选题

1. 不属于现代汽车清洗具有的特性是( )。
   A. 系统性　　　B. 专业性　　　C. 规范性　　　D. 简便性
2. 汽车清洗的作用不包括( )
   A. 保持外观整洁　　　　　　B. 消除大气污染侵害

C. 延长漆面寿命　　　　　　　　　　D. 增强车身强度

3. 车身上附有柏油,应选用的清洗剂为(　　)。
   A. 水基清洗剂　　　　　　　　　　B. 除蜡清洗剂
   C. 有机清洗剂　　　　　　　　　　D. 以上均不可选用

4. 处理橡胶制品不可使用的工具是(　　)。
   A. 毛刷　　　　B. 软布　　　　C. 毛巾　　　　D. 海绵

5. 如果仪表板表面污垢清洁不干净,可以采取的措施是(　　)。
   A. 加大清洁剂比例　　　　　　　　B. 用毛刷用力刷
   C. 用热风枪吹

6. 织物品的清洁,应使用(　　)。
   A. 电镀抛光剂　　B. 多功能清洗剂　　C. 塑胶保护剂　　D. 表板蜡

7. 冷却液的液位高度是(　　)。
   A. min 以下　　B. min-max　　C. max 以上　　D. 以上均不是

8. 冷却液的型号为(　　)。
   A. R134a　　　B. G13　　　　C. G12　　　　D. 乙二醇

9. 电机冷却液的冰点不得高于(　　)℃。
   A. -20　　　　B. -30　　　　C. -40　　　　D. -50

10. 制动液定期更换的主要原因是(　　)。
    A. 制动液具有吸湿性　　　　　　　B. 制动液分解产生气体
    C. 制动液冰点降低

11. 当制动液不小心黏附在车身上时,应采取的措施为(　　)。
    A. 不用清理,挥发后自然就干净了　　B. 用布蘸上汽油及时清理
    C. 用水漂洗,再用干净布清理

12. 车轮轮胎动平衡操作时,直到车轮轮胎两边动不平衡量小于(　　)时,轮胎平衡机上显示动平衡量为合格。
    A. 5g　　　　　B. 10g　　　　C. 15g

13. 车轮动平衡与静平衡的关系为(　　)。
    A. 当静平衡时一定为动平衡　　　　B. 当动平衡时一定静平衡
    C. 动平衡与静平衡为同一概念

14. 若转向盘转向沉重,控制方向困难,主要原因是(　　)。
    A. 转向盘自由行程过大　　　　　　B. 转向盘自由行程过小
    C. 转向机主从动齿轮啮合间隙过大

15. 转向盘在点火开关处于 OFF 位置时,能够锁止转向盘,该系统是一种(　　)。
    A. 防盗装置　　B. 停车警示装置　　C. 故障报警装置

16. 检查转向盘在 ACC 位置能否自由转动的标准为转向盘(　　)。
    A. 只能够顺时针转动

B. 只能够逆时针转动

C. 不论顺时针还是逆时针都能自由转动

17. 下列不是空调滤清器名称的是(　　)。

　　A. 花粉滤清器　　B. 空调滤芯　　C. 冷气格　　D. 空气格

18. 刮水系统主要有刮水器电动机、刮水臂、刮水片、洗涤喷嘴、喷水壶、喷水电动机、控制开关和(　　)等组成。

　　A. 减速机构　　　　　　　　　B. 刮水器连杆机构

　　C. 风窗玻璃　　　　　　　　　D. 电源

19. 刮水器电动机通过控制输入电动机(　　)的大小来控制电动机转速,进而控制刮水器的刮水速度。

　　A. 电源　　B. 电流　　C. 挡位　　D. 电压

二、判断题

1. 应避免在严冬的室外清洗车辆。　　　　　　　　　　　　　　　　(　　)
2. 冲洗车辆时,水压越高,冲洗效果越好。　　　　　　　　　　　　(　　)
3. 冲洗时应遵循从下到上的原则。　　　　　　　　　　　　　　　　(　　)
4. 车身擦干净后,就可以不进行干燥处理了。　　　　　　　　　　　(　　)
5. 空气清新剂可以完全祛除车内的异味。　　　　　　　　　　　　　(　　)
6. 塑胶保护剂适用于车门密封条、后视镜等部件清洁。　　　　　　　(　　)
7. 可以将多种清洁用品混合使用,以使其具备多项功能。　　　　　　(　　)
8. 如有需要,可对清洗过的较难干燥饰件进行烘干处理,防止发霉。　(　　)
9. 电机冷却液与蓄电池冷却液共用的同一补偿水壶。　　　　　　　　(　　)
10. 空调管路中高压管路和低压用的都是铝管。　　　　　　　　　　　(　　)
11. 检查高压线路连接器时,需要戴绝缘手套。　　　　　　　　　　　(　　)
12. 检查高压线路连接器时,不需要断开蓄电池负极。　　　　　　　　(　　)
13. 制动踏板应用状况检查是在发动机停转状态下进行的。　　　　　　(　　)
14. 当制动管路上出现明显的压痕时,一定要更换制动管路。　　　　　(　　)
15. 制动管路渗漏的检查,主要集中在管路与软管相连接的接头处。　　(　　)
16. 汽车直线行驶速度越快,稳定杆发挥的作用就越大。　　　　　　　(　　)
17. 车辆转弯时,由于质量重心沿横向发生偏移,易引起车辆发生横向侧滑。

(　　)

18. 新能源汽车低压电源供给是将动力蓄电池的电能通过DC/DC进行转变为12V低压电源。　　　　　　　　　　　　　　　　　　　　　　　(　　)

19. 电动汽车空调暖风系统与传统汽车空调暖风系统没有区别。　　　　(　　)

20. 刮水系统的作用是刮除前后风窗玻璃上的雨水、尘土等,有点动、间歇和中高速等挡位。　　　　　　　　　　　　　　　　　　　　　　　　(　　)

三、实操练习题

1. 根据洗车顺序,将车顶、车身、车裙、车轮清洁顺序进行排列。

2. 清洗车表面、轮胎、底盘时,使用的水压大小分别是多少?

3. 若车主喜爱抽烟,车内饰件上有大量焦油,请描述你建议的清洁方式。

4. 搜索关于真皮座椅损伤的修复办法,并描述其过程。

5. 电机冷却液冰点如何检测?

6. 叙述前舱低压插头的检测流程。

7. 按照标准要求完成前舱高压线束检测步骤有哪些？

参考文献

[1] 陈甲仕.汽车美容装饰码上学[M].北京:机械工业出版社,2018.
[2] 赵俊山,路永壮.汽车美容与装饰[M].北京:机械工业出版社,2019.
[3] 尹向阳,陆海明.新能源汽车概论[M].北京:人民交通出版股份有限公司,2018.
[4] 景平利,敖东光,薛菲.电动汽车检查与维护[M].北京:机械工业出版社,2022.